Frank Chodorov

L'ascesa & la caduta della Società

Un saggio sulle forze economiche che sono alla base delle istituzioni sociali

Leonardo Facco Editore – Monolateral

L'ascesa & la caduta della Società. Un saggio sulle forze economiche che sono alla base delle istituzioni sociali

ISBN: 978-1-946374-29-5 (brossura)
ASIN: (Kindle)
Prima edizione: 2 settembre 2022

Traduzione: Francesco Simoncelli
Revisione editoriale: Pietro Agriesti

L'immagine sulla copertina: lassedesignen/Shutterstock

Prima edizione in lingua inglese: 1959, The Devin-Adair Company, New York

Monolateral™
Richardson, Texas (USA)
https://monolateral.com
editore@monolateral.com

Indice

L'ascesa & la caduta della Società

Un saggio sulle forze economiche che sono alla base delle istituzioni sociali

Introduzione

Ciò che la storia penserà dei nostri tempi è qualcosa che soltanto essa ci potrà dire. Ma una buona congettura è che sceglierà il collettivismo come la caratteristica che identifica il ventesimo secolo.

Perché anche una rapida indagine del modello di sviluppo del pensiero durante gli scorsi cinquant'anni rivela un'idea centrale dominante: che la Società sia un'entità trascendente, qualcosa che va al di là e che supera la somma delle sue parti, in possesso di un carattere sovrumano e dotata di altrettanti poteri. E che essa opera in un campo suo e solo suo, moralmente e filosoficamente, ed è guidata da stelle sconosciute ai mortali.

Quindi, l'individuo, che è l'unità della Società, in virtù dei suoi stessi limiti non può giudicarla, né applicare ad essa gli standard con cui misura il proprio pensiero e il proprio comportamento. Egli è necessario alla Società, naturalmente, ma soltanto come parte sostituibile di una macchina. Ne consegue, quindi, che la Società, può interessarsi paternalisticamente degli individui, ma non dipende in alcun modo da essi.

In un modo o nell'altro, questa idea si è insinuata in quasi ogni ramo del pensiero e, come succede spesso con le idee, è stata istituzionalizzata. Forse l'esempio più lampante è l'orientamento moderno della filosofia dell'educazione. Molti dei professionisti in questo campo asseriscono con franchezza che lo scopo primario dell'educazione non è di sviluppare la capacità dell'individuo di apprendere, come si pensava in passato, ma di prepararlo per un posto fruttuoso e "felice" nella Società; le sue inclinazioni devono essere allontanate da lui, in modo che possa conformarsi alle usanze dei suoi coetanei e dell'ambiente sociale in cui vivrà la sua vita. Egli non è, quindi, un fine in sé stesso.

La giurisprudenza gira intorno alla stessa idea, sostenendo sempre più che il comportamento umano non è una questione di responsabilità personale quanto un riflesso delle forze sociali che agiscono sull'individuo; la tendenza è di dare alla Società la colpa dei crimini commessi dai suoi membri. Lo stesso principio vale nella sociologia, la cui crescente popolarità, ed il cui esser stata elevata a scienza, testimoniano della presa che il collettivismo ha nei nostri tempi.

Lo scienziato non è più onorato come coraggioso avventuriero dell'ignoto, alla ricerca dei principi della natura, ma è diventato un servo della Società, a cui deve il suo addestramento e la sua conservazione. Gli eroi e le imprese eroiche vengono retrocessi a manifestazioni accidentali del pensiero e dei movimenti delle masse. La persona superiore, il "capitano d'industria" che s'è fatto da sé, il genio naturale: tutte queste sono solo finzioni, perché tutti quanti non sono che robot prodotti dalla Società. L'economia è lo studio di come funziona la Società, sotto le sue proprie tecniche e prescrizioni, non di come gli individui, nel perseguire la loro felicità, costruiscono la propria vita. E la filosofia, o ciò che così viene chiamato, ha reso la verità stessa un attributo della Società.

Il collettivismo è più di un'idea. In sé, un'idea non è che un giocattolo per la speculazione, un idolo mentale. Poiché, come dice il mito, la Società *sovrapersonale* è piena di possibilità, quel che conviene fare è lasciar lavorare il mito, per dare energia alla sua virtù. Lo strumento attuale è lo Stato, pulsante di energia politica e ben disposto a consumarla in questa gloriosa avventura. Così sorge lo statalismo, o il culto del potere politico.

Lo statalismo non è una religione moderna. Già prima di Platone, la filosofia politica si è interessata della natura, dell'origine e della giustificazione dello Stato. Ma, mentre i pensatori ci speculavano sopra, il grande pubblico accettò l'autorità politica come un fatto della vita e se ne fece una ragione. È solo in tempi recenti (tranne, forse, i periodi in cui Chiesa e Stato sono stati una cosa sola, e in questo modo la coercizione politica è stata dotata di una sanzione divina) che la massa della gente ha accettato, coscientemente o implicitamente, la citazione hegeliana secondo cui "lo Stato è la sostanza generale, di cui gli individui non sono che incidenti." È questa accettazione dello Stato come "sostanza," come una realtà *sovrapersonale*, e il fatto che sia stato investito di una competenza che nessun individuo può reclamare per sé, ad essere la caratteristica speciale del ventesimo secolo.

Nei tempi passati, c'era la disposizione a considerare lo Stato come qualcosa con cui ci si deve confrontare, ma da completi estranei. Ciascuno conviveva con lo Stato come meglio poteva, temendolo o ammirandolo, sperando di farne parte e di goderne i privilegi, o tenendosene a distanza come da una cosa intoccabile; a malapena si pensava allo Stato come parte integrante della Società. Si doveva sostenere lo Stato – non c'era modo di evitare le tasse – e se ne tolleravano gli interventi, ma appunto come interventi, non come trama ed ordito della vita. E lo Stato stesso era fiero della sua posizione, al di là – e al di sopra – della Società.

La disposizione attuale è di liquidare qualsiasi distinzione fra Stato e Società, tanto sul piano concettuale che su quello istituzionale. Lo Stato è la Società; l'ordine sociale è effettivamente un'appendice dell'istituzione politica e dipende da essa per il sostentamento, la salute, la formazione, le comunicazioni e per tutte le cose che rientrano nella definizione di "perseguimento della felicità."

In teoria, se si prendono come metro di valutazione i testi accademici di economia e di scienze politiche, l'integrazione è quasi completata. Nel funzionamento degli affari umani, malgrado il fatto che si renda omaggio formalmente al concetto di diritti naturali della persona, la tendenza ad invocare lo Stato perché risolva tutti i problemi della vita, mostra fino a che punto la dottrina dei diritti sia stata in realtà abbandonata, con il suo corollario dell'avere fiducia in sé stessi, e quanto sia ormai accettata l'idea che lo Stato sia la realtà della Società. È questa integrazione reale, che contraddistingue il ventesimo secolo dai suoi predecessori, ben più delle sue teorie.

Un'indicazione del punto a cui è arrivata l'integrazione tra Stato e Società è la scomparsa di ogni dibattito sullo *Stato qua Stato* – un dibattito che ha impegnato le migliori menti del diciottesimo e del diciannovesimo secolo. Le deficienze di un regime particolare, o dei suoi membri, sono sottoposte ad attacchi costanti, ma i difetti dell'istituzione in sé non si individuano. Lo Stato va benissimo, per comune accordo, e funzionerebbe perfettamente se solo al timone ci fossero le persone "giuste."

La maggior parte dei critici del New Deal non si accorge che tutte le sue mancanze sono inerenti di qualsiasi Stato, sotto la guida di chiunque, o che quando questa istituzione politica raccoglie abbastanza potere emerge sempre un demagogo. L'idea che questo apparato di potere sia effettivamente il nemico della Società, che gli interessi di queste due istituzioni siano in contrasto, è semplicemente impensabile. Se viene suggerita, è subito scartata come "antiquata," il che è vero; fino all'era moderna, era un assioma che lo Stato necessitasse di costante sorveglianza e che delle propensioni perniciose ne sono parte integrante.

Vengono alla mente alcune immagini dello spirito del nostro tempo.

L'abusata affermazione che "siamo in debito con noi stessi," riferita ai debiti contratti in nome dello Stato, è indicativa della tendenza a cancellare dalla nostra coscienza la linea di demarcazione fra governati e governanti. Non è solo una frase onnipresente nei testi di economia, ma è anche tacitamente accettata nelle cerchie finanziarie come solida sul piano dei principi. Per i banchieri moderni, un'obbligazione di Stato è solida almeno quanto l'obbligo di un cittadino privato, poiché il titolo è in effetti un obbligo del cittadino a pagare le tasse. Non viene fatta alcuna distinzione fra un debito coperto dalla produzione o dall'abilità produttiva e un debito garantito dal potere politico; alla fine un'obbligazione di Stato è un pegno sulla produzione, perciò qual è la differenza? Secondo tale ragionamento, gli interessi del pubblico, che sono sempre concentrati nella produzione di beni, sono identificati con gli interessi predatori dello Stato.

In molti testi di economia, il prestito preso dal governo ai cittadini, sia che lo faccia apertamente, sia che lo faccia mettendo pressione sulle banche perché prestino il risparmio dei loro depositanti, viene spiegato come una transazione equivalente a trasferire dei soldi da una tasca all'altra degli stessi pantaloni; il cittadino presta a sé stesso quel che presta al governo. La spiegazione razionale di questa assurdità è che l'effetto sull'economia della nazione è lo stesso sia che il cittadino spenda i suoi soldi per conto proprio, sia che lo faccia il governo per lui. Ha semplicemente rinunciato al suo trascurabile diritto di scegliere. Sul fatto che non desideri ciò per cui il governo spende i suoi soldi, che di sua libera volontà non contribuirebbe ad acquistarlo, si sorvola allegramente. L'idea che siano sempre gli "stessi pantaloni" si basa sull'identificazione dell'amorfa "economia nazionale" con il benessere dell'individuo; ed è così che l'individuo si fonde nella massa e perde la sua personalità.

Tutt'uno con questo genere di pensiero è una frase che spesso lo accompagna, "Il governo siamo noi." Il suo uso e la sua accettazione illustrano al meglio la presa che il collettivismo si è assicurato sulle menti americane in questo secolo, facendo fuori la tradizione americana originaria. Quando fu fondata l'Unione, il principale timore degli americani era che il nuovo governo si potesse trasformare in una minaccia alla loro libertà, e gli autori della costituzione furono messi a dura prova dalla necessità di scongiurare questo timore. Oggi si ritiene che la libertà sia un dono del governo in cambio della sottomissione. L'inversione è stata compiuta con un abile trucco semantico.

La parola "democrazia" è la chiave di questo trucco. Quando cercate una definizione di questa parola, trovate che non è una forma di governo ma piuttosto la regola degli "atteggiamenti sociali." Ma che cosa è un "atteggiamento sociale"? Mettendo da parte le verbose spiegazioni di questo sdrucciolevole concetto, risulta essere in pratica il buon vecchio maggioritarismo; ciò che il 51 per cento delle persone ritiene sia giusto è giusto, e la minoranza non può che avere torto. È la finzione della Volontà Generale sotto nuovo nome. Non c'è posto in questo concetto per la dottrina dei diritti naturali; l'unico diritto che resta alla minoranza, in particolar modo a quella minoranza che è l'individuo, è il conformarsi con "l'atteggiamento sociale" dominante.

Se "Il governo siamo noi" ne consegue che l'uomo che si trovasse in prigione dovrebbe darsi la colpa per essercisi rinchiuso, e che l'uomo che sfruttasse tutte le detrazioni fiscali che la legge concede starebbe in realtà truffando sé stesso. Seppur questo possa apparire un'esagerata *reductio ad absurdum*, è un fatto che molti coscritti delle forze armate si consolino con questo tipo di logica. Questo Paese è stato in gran parte popolato da renitenti alla leva, che veniva definita "zarismo" una generazione o due fa, ed era ritenuta la forma più bassa di servitù involontaria.

Oggi un esercito di militari di leva passa in effetti per un esercito "democratico," composto di uomini che si sono adeguati all'"atteggiamento sociale" del loro tempo. Ed è proprio così che si consola il comune coscritto dopo essere stato obbligato ad interrompere i suoi sogni di carriera. L'accettazione del servizio militare obbligatorio ha raggiunto il punto di un'inconscia rinuncia alla personalità. L'individuo, come individuo, semplicemente non esiste più; è parte della massa.

Questo è il compimento dello statalismo. È una condizione dello spirito che non riconosce altro ego che quello della collettività. Per un'analogia, bisogna risalire alla pratica pagana del sacrificio umano: quando gli dei lo richiedevano, quando lo sciamano insisteva che era necessario, come condizione per la prosperità del clan, gettarsi nel fuoco sacrificale era un dovere dell'individuo. In realtà, lo statalismo è una forma di paganesimo, dato che è il culto di un idolo, cioè di qualcosa opera di mani umane. La sua base è puro dogma. Come tutti i dogmi esso è soggetto a interpretazioni e razionalizzazioni, ciascuna con la sua corte di devoti. Ma, sia che ci si definisca comunisti, socialisti, sostenitori del New Deal, o solo semplici "democratici," la premessa è che l'individuo esista solo come servo dell'idolo delle masse. Sia fatta la sua volontà.

È una strana circostanza della storia che lo spirito indagatore non sia mai cancellato o sepolto completamente. Le pressioni sociali e politiche possono costringere la persona intellettualmente curiosa ad adottare un'apparenza di conformità – dal momento che bisogna pur vivere nel proprio ambiente - ma la conformità reale è impossibile per una mente di quel genere. Essa non può fare a meno di chiedere "perché" anche a sé stessa. E a volte è abbastanza difficile suggerire una deficienza nel modello prevalente di pensiero e parlare apertamente contro di esso.

Anche in questo ventesimo secolo ci sono coloro che sostengono, forse soltanto nel segreto della loro coscienza, che il collettivismo è sbagliato e maligno e che non finirà bene. Ci sono non conformisti che rifiutano il concetto hegeliano secondo cui "lo Stato incarna l'idea divina sulla terra."

Ci sono alcuni che sostengono saldamente che soltanto l'uomo sia fatto ad immagine di Dio, e che lo Stato sia un falso idolo. Sono in minoranza, siatene sicuri, come lo sono stati durante tutta la storia; sono i "restanti" ai quali Isaia è incaricato di consegnare il messaggio. Forse costoro troveranno questa inchiesta nell'economia della Società, del Governo e dello Stato di un certo interesse; è stata scritta per loro.

Capitolo 1

Economia & politica

Può essere che le bestie diffidenti della foresta arrivino ad accettare la trappola del cacciatore come un'alternativa alla regolare ricerca di cibo. In ogni caso l'animale umano, presumibilmente razionale, è diventato così assuefatto agli interventi politici che non può pensare di guadagnarsi da vivere senza di essi; in tutti i suoi calcoli economici la sua prima considerazione è: cosa dice la legge a riguardo? O, più probabilmente: come posso fare uso della legge per migliorare la mia condizione di vita?

Questo può essere descritto come un riflesso condizionato. Non accade quasi mai di pensare di poter fare meglio operando in maniera autonoma, entro i limiti posti su di noi dalla natura, e senza vincoli politici, controlli o sovvenzioni. Non pensiamo mai che queste misure interventiste siano messe sul nostro cammino come una trappola, per scopi diametralmente opposti alla nostra ricerca di una vita migliore. Le accettiamo automaticamente come necessarie per quello scopo.

E così accade che coloro che scrivono di economia inizino dal presupposto che essa sia una branca della scienza politica. I nostri libri di testo, quasi senza eccezione, affrontano l'argomento da un punto di vista giuridico: come gli uomini si guadagnano da vivere secondo le leggi vigenti? Ne consegue, ed alcuni libri lo ammettono, che se la legge cambia, l'economia deve cambiare a ruota. È per questo motivo che i nostri curricula universitari sono pieni di una serie di corsi in economia, ognuno dei quali rende omaggio alle leggi che disciplinano le diverse attività umane; così abbiamo l'economia del merchandising, l'economia delle operazioni immobiliari, l'economia bancaria, l'economia agraria e così via.

Quasi mai ci si rende conto che esiste una scienza economica, con relativi principi di base, in tutte le nostre occupazioni e soprattutto di come essa non abbia nulla a che fare con la legislazione. Da questo punto di vista sarebbe opportuno, se è la legge a sancire la pratica, che i curricula inseriscano anche un corso chiamato economia della schiavitù.

L'economia non è politica. La prima è una scienza, riguarda le leggi, immutabili e costanti, della natura che determinano la produzione e la distribuzione della ricchezza; la seconda è l'arte di governare. Una è amorale, l'altra è morale. Le leggi economiche sono indipendenti e auto-validanti, così come tutte le leggi naturali, mentre la politica ha a che fare con convenzioni create e manipolate dall'uomo. In quanto scienza, l'economia cerca di comprendere dei principi invariabili; la politica è effimera, il suo oggetto riguarda i rapporti quotidiani degli uomini. L'economia, come la chimica, non ha nulla a che fare con la politica.

L'intrusione della politica nel campo dell'economia è semplicemente una prova dell'ignoranza o dell'arroganza umana, ed è un tentativo tanto vano quanto il voler comandare l'ascesa e la calata delle maree. Sin dall'inizio delle istituzioni politiche, ci sono stati tentativi di fissare i salari, di controllare i prezzi e di creare capitali dal nulla, e sono tutti risultati fallimentari. Tali tentativi sono condannati al fallimento perché la sola competenza della politica è quella di obbligare gli uomini a fare quello che non vogliono fare o ad astenersi dal fare quello che sono inclini a fare, e le leggi dell'economia non rientrano in tale ambito. Sono impermeabili alla coercizione. Salari, prezzi e accumulo di capitale hanno leggi proprie; leggi che sono al di là della sfera di competenza dei poliziotti.

Il presupposto che l'economia sia asservita alla politica nasce da un errore logico. Dal momento che lo Stato (la macchina della politica) può controllare e controlla il comportamento umano, e poiché gli uomini sono sempre impegnati nel guadagnarsi da vivere, concetto permeato dalle leggi dell'economia, ne sembra conseguire che per controllare gli uomini lo Stato debba piegare queste leggi alla sua volontà. Il ragionamento è errato perché non tiene conto delle conseguenze. Si tratta di un principio invariabile che gli uomini lavorino per soddisfare i propri desideri, o che la forza motrice della produzione sia la prospettiva dei consumi; infatti, una cosa non è prodotta fino a che non raggiunge il consumatore.

Quando lo Stato interviene nell'economia, il che avviene sempre a titolo di confisca, ostacola i consumi e quindi la produzione: il produttore produce in proporzione a quanto consuma. Non è l'ostinazione che porta a questo risultato: è il funzionamento di una legge naturale immutabile. Lo schiavo non "si piega" consapevolmente al lavoro: è un produttore povero perché è un consumatore povero.

L'evidenza rivela che l'economia influenza il carattere della politica, piuttosto che il contrario. Uno Stato comunista (cioè uno Stato che si impegna ad ignorare le leggi dell'economia, come se non esistessero) si caratterizza per la sollecitudine nell'uso della forza; è uno Stato fondato sulla paura. Le aristocratiche Città-Stato greche presero forma dall'istituzione della schiavitù. Nel XIX secolo, quando lo Stato, per i propri fini, strinse accordi con la classe industriale, si venne a creare lo Stato mercantilista.

Il Welfare State è in realtà un'oligarchia di burocrati che, in cambio delle prerogative e del prestigio che la loro carica garantisce loro, si impegna a confiscare e redistribuire la produzione secondo le formule della propria immaginazione, in spregio al principio per cui la produzione necessariamente calerà nella quantità in cui viene confiscata. È interessante notare che tutti i tipi di assistenzialismo iniziano come programmi di redistribuzione - per controllare il mercato - e finiscono come tentativi di gestione della produzione. Questo perché, contrariamente alle aspettative dell'oligarchia, né le interferenze della politica possono sospendere le leggi dell'economia, né i prezzi rispondono ai suoi diktat. Non solo: nel tentativo di far funzionare le proprie nozioni preconcette la politica le estende anche al settore della produzione, e anche lì fallisce.

L'impermeabilità della legge economica rispetto alla legge politica risulta evidente in questo fatto storico: nel lungo periodo ogni Stato implode e spesso scompare del tutto finendo per diventare una mera curiosità archeologica. Ogni crollo su cui abbiamo conoscenze sufficienti è stato preceduto dal medesimo corso di eventi: lo Stato, nella sua insaziabile brama di potere, intensifica sempre di più i propri abusi nei confronti dell'economia nazionale e in questo modo causa un conseguente declino di interesse per la produzione, fino a quando non viene addirittura intaccato il livello della sussistenza e quanto prodotto non risulta più sufficiente per mantenere lo Stato nella condizione a cui era abituato. E così lo Stato, non essendo più in grado di sopportare lo sforzo economico di fronte a qualche circostanza che si presenta, ad esempio una guerra, finisce col soccombere.

Prima di questo evento l'economia della Società, su cui poggia la potenza dello Stato, si era deteriorata portando con sé un rilassamento nei valori morali e culturali; agli uomini semplicemente "non importava". In altre parole: la Società crolla e trascina con sé lo Stato. Non c'è modo per lo Stato di evitare questa conseguenza - tranne, naturalmente, abbandonare i suoi interventi nella vita economica delle persone che controlla, cosa che però la sua intrinseca brama di potere non gli consente. Non c'è modo per la politica di proteggere sé stessa dalla politica.

La storia dello Stato americano è istruttiva. La sua nascita è avvenuta sotto i migliori auspici essendo concepita da un gruppo di uomini straordinariamente saggi ed impegnati nel non ripetere gli errori dei loro predecessori. Nessuno dei difetti tradizionali della politica sembrava segnare il nuovo Stato: non era appesantito dall'eredità di un sistema feudale o di casta, non doveva vivere secondo la dottrina del "diritto divino", non era segnato dalle cicatrici della conquista che avevano tormentato l'infanzia di tanti altri Stati. Fu nutrito con cibo sano: la dottrina di Rousseau secondo cui il governo deriva i propri poteri dal consenso dei governati, la libertà di parola e di pensiero di Voltaire, la giustificazione della rivoluzione di Locke e, soprattutto, la dottrina dei diritti naturali. Non c'era il regime di uno status precedente ad arrestarne la crescita. In realtà, tutto era *de novo*.

La scienza politica adottò ogni misura precauzionale nota per evitare che il nuovo Stato americano potesse acquisire l'attitudine auto-distruttiva di ogni Stato del passato: quella di interferire con il perseguimento della felicità dell'uomo. Le persone dovevano essere lasciate in pace, dovevano risolvere i loro destini individuali con le capacità di cui la natura le aveva dotate. A questo scopo, lo Stato era circondato da una ingegnosa serie di divieti e limitazioni: non solo le sue funzioni erano definite in modo chiaro, ma ogni possibile inclinazione a superare i propri limiti era ostacolata da una triplice divisione della sua autorità, mentre la maggior parte dei poteri di intervento che gli erano concessi venivano però riservati a quelle autorità che si trovavano più vicine ai governati e quindi più sensibili rispetto alla loro volontà. Attraverso il principio della divisione *imperium in imperio* si voleva far sì che lo Stato fosse per sempre deprivato di quella posizione di monopolio necessaria per darsi alla violenza. Meglio ancora, era condannato a doversi accontentare di obiettivi modesti, dato che i suoi poteri di tassazione erano ben circoscritti. Non sembrava possibile, nel 1789, che lo Stato americano potesse mai fare molto per interferire con l'economia nazionale: era costituzionalmente debole e con un bilancio esiguo.

L'inchiostro non si era ancora asciugato sulla Costituzione che i suoi autori, ora in posizione di autorità, iniziarono a riscriverla, per via interpretativa, al fine di allentarne i limiti; il lievito del potere annidato nello Stato era già in fermentazione. Il processo di interpretazione giuridica, che continua ancora ai giorni nostri, venne successivamente integrato con vari emendamenti; l'effetto di quasi tutti gli emendamenti, sin dai primi dieci (che furono scritti nella Costituzione dietro pressione del pubblico), era quello di indebolire la posizione dei vari governi degli Stati ed estendere il potere del governo centrale. Poiché il potere statale può crescere solo a spese del potere sociale, la centralizzazione che è andata avanti sin dal 1789 ha spinto la Società americana in quella condizione di sottomissione che la Costituzione era stata pensata per evitare.

Nel 1913 arrivò l'emendamento che liberò completamente lo Stato americano dalle proprie catene, poiché con le entrate provenienti dall'imposta sui redditi aveva ormai la possibilità di compiere incursioni illimitate nella vita economica del popolo. Il XVI Emendamento non solo violava il diritto del singolo cittadino al prodotto del proprio lavoro, che è un ingrediente essenziale della libertà, ma dava anche allo Stato americano i mezzi per diventare il più grande consumatore, datore di lavoro, banchiere, produttore e proprietario di capitale della nazione. E oggi non c'è alcun ambito della vita economica di cui lo Stato non sia partecipe, non c'è impresa o professione che siano rimaste libere dal suo intervento.

La metamorfosi dello Stato americano da istituzione apparentemente innocua a potente macchina interventista, quale fu Roma al proprio culmine, ha avuto luogo lungo un secolo e mezzo. Gli storici stimano che la gestazione del più grande Stato dell'antichità abbia coperto quattro secoli, ma oggi si viaggia più veloci. Quando la grandezza di Roma era al punto più alto, la preoccupazione principale dello Stato era la confisca della ricchezza prodotta dai suoi cittadini e dai suoi sudditi; la confisca venne formalizzata legalmente, come lo è oggi, e sebbene non fosse rivestita di moralismi smielati o ideologicamente strutturati, erano presenti alcune caratteristiche dell'assistenzialismo moderno. Roma aveva programmi di stimolo del lavoro, mance ai disoccupati e sussidi all'industria: tutte cose necessarie per rendere appetibile e possibile la confisca.

Probabilmente ai romani dell'epoca questo ordine di cose poteva sembrare normale e corretto, come accade oggi. I vivi sono condannati a vivere nel presente, nelle condizioni prevalenti, e la loro preoccupazione per queste condizioni rende difficile e accademica qualsiasi valutazione della tendenza storica. I romani non sapevano o non si preoccupavano del "declino" in cui vivevano né di certo della "caduta" che il loro mondo stava sperimentando. È solo dal punto di vista della storia, quando è possibile vagliare le prove e tracciare i rapporti di causa-effetto, che si può fare una stima significativa di quanto accaduto nel passato.

Ora sappiamo che, nonostante l'arroganza dello Stato, erano al lavoro forze economiche che influenzano le tendenze sociali. La produzione di ricchezza, cosa di cui vivono gli uomini, scese in proporzione alle estorsioni ed alle interferenze dello Stato; l'interesse generale per la mera esistenza sommerse ogni interesse latente nei valori culturali e morali, ed il carattere della Società si trasformò gradualmente in quello di una mandria. I mulini degli dei macinano lenti ma inevitabili: entro un paio di secoli il deterioramento della Società romana venne seguito dalla disintegrazione dello Stato, al punto da non avere né i mezzi né la volontà per resistere ai venti della storia. Va notato come fu la Società, che prospera solo in una condizione di libertà, a crollare per prima: non vi fu in essa alcuna disposizione a resistere alle orde di invasori.

L'analogia suggerisce una profezia ed una geremiade, ma ciò non rientra nello scopo di questo saggio la cui tesi è che la Società, il governo e lo Stato siano fenomeni essenzialmente economici e che dunque una comprensione di queste istituzioni la si ritroverà nell'economia, non nella politica. Questo non vuol dire che l'economia sia in grado di spiegare tutte le sfaccettature di dette istituzioni, così come lo studio dell'anatomia umana non rivelerà tutti i segreti della persona. Tuttavia, come non ci può essere un essere umano senza scheletro, così qualsiasi indagine sul meccanismo delle integrazioni sociali non può ignorare la legge economica.

Per motivi che diverranno evidenti nel prosieguo di questo saggio, sarà necessario allontanarci dal suo tema centrale per la durata di un capitolo; questo sarà dedicato all'indagine di due teorie circa l'origine dello Stato: quella classica, e un'altra di più recente formulazione.

Capitolo 2

Da Dio o dalla spada?

Lo Stato è previsto dalla natura delle cose? I teorici classici della scienza politica erano convinti di sì. Osservando come ogni agglomerato di uomini noti alla storia abbia visto la partecipazione in una istituzione politica di qualche tipo, e convinti che in tutte le cose umane la mano di Dio abbia svolto un ruolo, hanno concluso che l'organizzazione politica degli uomini godesse dell'avallo divino. Avevano un sillogismo per sostenere la propria ipotesi: Dio ha fatto uomo; l'uomo ha realizzato lo Stato; quindi, Dio ha fatto lo Stato. Lo Stato ha acquisito così una sorta di alone di divinità. Il ragionamento era sostenuto da una analogia: è una certezza che l'organizzazione familiare, con il suo capo famiglia, sia nell'ordine naturale delle cose, e ne consegue che un gruppo di famiglie, con lo Stato posto al comando in qualità di padre collettivo, sia un fenomeno altrettanto naturale. Se si verificano carenze nella famiglia, è a causa dell'ignoranza o della malvagità del padre; parimenti se l'ordine sociale si trova in uno stato di sofferenza o disarmonia è perché lo Stato ha perso di vista le vie di Dio. In entrambi i casi, il problema è che il *pater familias* ha bisogno di essere meglio istruito riguardo ai principi morali. Dunque lo Stato, che è inevitabile e necessario, potrà essere migliorato ma non abolito.

Accettando a priori la naturalezza dello Stato, hanno cercato di trovare la radice di questa istituzione nella natura dell'uomo. Sicuramente, lo Stato appare solo quando gli uomini si riuniscono, e questo fatto potrebbe indicare che la sua origine è insita nella complessità dell'essere umano; gli animali non hanno Stato. Questa linea di indagine ha portato a contraddizioni ed incertezze, cosa del tutto comprensibile in quanto le prove della natura dell'uomo si trovano nel suo comportamento morale e questo è ben lungi dall'essere uniforme. Due uomini risponderanno in maniera diversa alla medesima esigenza e persino lo stesso uomo preso da solo non seguirà uno schema costante di comportamento in tutte le circostanze. L'ostacolo che gli scienziati politici, con la loro mentalità teologica, si sono posti di fronte è stato prefiggersi di scoprire se lo Stato tragga la propria origine dal fatto che l'uomo sia intrinsecamente "buono" o "cattivo", e su questo punto non vi è alcuna prova certa. Da qui le contraddizioni nelle loro conclusioni.

Lungo queste linee, i tre pensatori con cui abbiamo maggiore familiarità, nonostante ciascuno di essi abbia avuto i suoi predecessori, sono Thomas Hobbes, John Locke e Jean Jacques Rousseau. Come punto di partenza per le loro speculazioni, i tre si sono avvalsi della stessa ipotesi secondo cui è esistito un tempo in cui gli uomini non erano politicamente organizzati e vivevano in una condizione chiamata "stato di natura". Si tratta di una pura ipotesi, naturalmente, poiché se gli uomini si fossero davvero mai aggirati sulla faccia della terra in uno stato di radicale isolamento, non stabilendo alcun contatto tra loro se non attraverso i bastoni, non avrebbero mai lasciato alcuna prova a riguardo. Ci deve essere stata quantomeno un'organizzazione familiare o non saremmo qui a parlare di "stato di natura".

In ogni caso, Hobbes sosteneva che in questo stato pre-politico l'uomo fosse "brutale" e "cattivo", e che incombeva costantemente sulla proprietà e la persona di chi gli stava vicino. La sua inclinazione predatoria era motivata da una passione smodata verso l'abbondanza materiale. Ma, dice Hobbes, essendo l'uomo dotato fin da principio del dono della ragione, ad un certo punto questa gli suggerì che avrebbe potuto tutelare meglio il proprio interesse, cooperando con gli altri uomini "naturali". A quel punto entrò in un "contratto sociale" con essi, i cui termini stabilivano che ciascuno accettava di sottoporsi ad un'autorità che lo avrebbe trattenuto dal fare ciò che la propria "natura" lo spingeva a fare. Così apparve lo Stato.

Locke, invece, è piuttosto neutro nelle sue conclusioni morali: per lui la domanda se l'uomo sia "buono" o "cattivo" è secondaria rispetto al fatto che è una creatura di ragione e desiderio. In realtà, afferma Locke, anche quando viveva in uno stato "naturale" la preoccupazione principale dell'uomo era la sua proprietà: il frutto del proprio lavoro. Fu la ragione a suggerirgli che sarebbe stato più al sicuro nel possesso e godimento di questa, se si fosse sottoposto ad un'agenzia di protezione. E per questo stipulò un "contratto sociale" ed organizzò lo Stato. Locke identifica la tutela della proprietà come la principale attività dello Stato e afferma che, qualora un determinato Stato trascuri tale dovere, diventa moralmente giustificabile sostituirlo con un altro, anche con la forza.

A Rousseau lo "stato di natura" appare come un Eden idilliaco, in cui l'uomo vive perfettamente libero e quindi moralmente perfetto. L'unico difetto di questa vita, altrimenti buona, sta nel fatto che guadagnarsi da vivere vi risulta difficile. Fu per superare le difficoltà dell'esistenza "naturale" che l'uomo rinunciò ad un po' della propria libertà ed accettò il "contratto sociale". Per quanto riguarda il carattere del contratto, esso sancisce la fusione della volontà di ogni singolo firmatario con quella di tutti gli altri, in quella che Rousseau chiama la Volontà Generale.

Così, nonostante i tre pensatori restassero in un certo disaccordo sulla natura dell'uomo, dove il seme dello Stato andava ricercato, si trovavano invece d'accordo sul fatto che lo Stato nasceva da essa. Va sottolineato come questo tentativo di trovare un'origine dello Stato non fosse il loro scopo primario, poiché ognuno di loro era piuttosto interessato a sostenere un suo proprio particolare sistema politico, ma nel fare ciò essi ritennero necessario stabilire una genesi in sintonia col proprio sistema. Non servirebbe al nostro scopo attuale discutere le loro filosofie politiche, ma è interessante notare come siano state tutte modellate per adattarsi alle esigenze dei tempi, dando adito al sospetto che le loro teorie per quanto riguarda l'origine dello Stato abbiano risentito di analoghe influenze. Era loro preconcetto comune che lo Stato fosse nell'ordine naturale delle cose, Stato a cui Hobbes dà addirittura un avallo divino. A questo riguardo non fecero altro se non seguire la tradizione: nelle riflessioni dei primi cristiani si faceva riferimento all'idea di Stato come alla "Città di Dio", e Platone parlò del suo Stato come qualcosa "il cui modello risiede nei cieli".

La moderna scienza politica passa sopra la questione dell'origine, accetta lo Stato semplicemente come un'entità esistente e all'opera, e formula raccomandazioni per migliorarne il modo di funzionare. I metafisici del passato attribuivano le carenze di un particolare Stato all'ignoranza o alla disobbedienza alle leggi di Dio. Anche i moderni hanno il loro ideale, o meglio ogni scienziato politico ha il proprio, e ciascuno ha una ricetta personale per realizzarlo: gli ingredienti sono una serie di leggi, più un apparato per metterle in atto. La funzione dello Stato, si presume in generale, è quella di realizzare la Società buona - non vi è alcun dubbio sulla sua capacità di farlo - e la Società buona è tutto ciò che lo scienziato politico ha in mente.

In tempi recenti alcuni ricercatori si sono rivolti alla storia per cercare prove su come ha avuto origine lo Stato, sviluppando ciò che talvolta viene chiamata la teoria sociologica dello Stato.

I dati mostrano, essi osservano, come tutti i popoli primitivi si guadagnassero da vivere in uno di questi due modi: l'agricoltura o l'allevamento del bestiame, giacché la caccia e la pesca sembrano essere state marginali in entrambe le economie. Dai vincoli posti da queste due occupazioni si svilupparono abitudini e competenze nettamente definite e diverse. Il fatto di dover girovagare in cerca di pascoli ed acqua richiedeva una organizzazione ben affiatata di uomini dallo spirito avventuroso, mentre la routine fissa dell'agricoltura non aveva bisogno di alcuna particolare organizzazione e necessitava di scarsa intraprendenza. La docilità flemmatica e la dispersione degli agricoltori li rendeva facili prede degli audaci pastori delle colline. E la cupidigia spronava questi all'attacco.

In principio, affermano gli storici, l'oggetto dei furti erano le donne, dal momento che l'incesto era un tabù già da molto prima che gli scienziati trovassero un motivo per condannare tale pratica. Al furto delle donne seguì il furto di beni mobili ed entrambi vennero accompagnati dal massacro dei maschi e delle femmine indesiderate. Ma ad un certo punto nella mente dei predoni si accese la consapevolezza economica che i morti non producono nulla, e da ciò nacque l'istituzione della schiavitù; i pastori perfezionarono il proprio business portando con sé prigionieri a cui assegnare i lavori più umili. Questa economia fatta di padroni e schiavi, sostengono i teorici, è la prima manifestazione dello Stato. Ed ecco quindi che la premessa dello Stato è lo sfruttamento dei produttori attraverso l'uso della forza.

Infine, le incursioni a scopo di rapina vennero sostituite dal concetto di sicurezza - o dalla continua esazione di tributi dalle persone tenute in schiavitù. A volte una tribù più intraprendente assumeva il controllo di un centro di scambi, per imporre dei dazi sui commerci; altre volte pattugliava strade e corsi d'acqua che portavano ai villaggi, per riscuotere pedaggi da carovane e mercanti. In ogni caso fu ben presto evidente che il bottino non può che dipendere dalla produzione in quanto ne costituisce una parte: può essere abbondante solo tanto quanto lo è stata la produzione. Per incoraggiare quest'ultima, quindi, i predoni si impegnarono a pattugliare ed a mantenere "la legge e l'ordine". Non solo sorvegliavano i popoli conquistati, ma li proteggevano anche dalle altre tribù di predoni; infatti, non era insolito per una comunità molestata invitare una tribù guerriera affinché la proteggesse, ad un certo prezzo. I conquistatori non arrivavano solo dalle colline, perché c'erano anche i "pastori del mare", tribù la cui pericolosa occupazione le rendeva particolarmente audaci negli attacchi.

Il popolo conquistatore si teneva in disparte dai conquistati, godendo di quella che più tardi divenne nota come extraterritorialità. Conservava legami culturali e politici con la patria, mantenendo lingua, religione e costumi propri. Inoltre, nella maggior parte dei casi, fintanto che i tributi fluivano, non disturbava i costumi dei sudditi. Con il tempo, perché questo è l'esito della vicinanza, le barriere immateriali tra vinti e vincitori si sciolsero e si verificò un processo di fusione, talvolta accelerato dalla rottura dei legami con la patria, cosa che poteva avvenire quando un luogotenente si sentiva abbastanza forte nel suo nuovo ambiente da sfidare il proprio signore e smettere di dividere il bottino con lui, o quando un'insurrezione di successo in patria lo spodestava. Dai contatti più stretti con i conquistati derivò una miscela di lingue, religioni e costumi. Anche se i matrimoni misti, per ragioni economiche e sociali, non erano visti di buon occhio, l'attrazione sessuale non poteva essere azzerata per decreto ed una nuova generazione arrivò a colmare il divario tramite legami di sangue, e le imprese militari, in difesa della patria ormai comune, contribuirono ulteriormente.

Dalle mescolanza delle due culture originò una cultura nuova, di cui una delle caratteristiche più importanti consisteva in un insieme di costumi e leggi che regolamentavano i doveri della classe che pagava i tributi nei confronti di quella dominante. Necessariamente, queste convenzioni vennero formulate da quest'ultima, con l'intento di stabilizzare il proprio vantaggio economico e lasciarlo in eredità alla propria prole. Le persone soggette a questo dominio, in un primo momento avevano resistito alle estorsioni, ma da tempo avevano abbandonato quella che era una lotta impari rassegnandosi ad un sistema di tasse, affitti, pedaggi ed altre forme di tributo. Questo adattamento venne facilitato dall'inclusione nel regime di alcune delle "classi inferiori" tramite incarichi che, spaziando dal portavoce all'ufficiale giudiziario e dall'umile servitore al soldato sotto il comando dei padroni, riuscivano a generare reciproca ammirazione se non rispetto. Inoltre, la codifica dei tributi portò alla rimozione dalla memoria dell'arbitrarietà con cui erano stati introdotti e li rivestì di un'aura di correttezza. Le leggi fissavano i limiti di queste estorsioni, rendendo gli eccessi irregolari e passibili di sanzioni, stabilendo quindi dei "diritti" per la classe sfruttata.

Se da un lato gli sfruttatori custodivano sapientemente questi "diritti" contro lo sconfinamento da parte dei propri membri più esosi, dall'altro gli sfruttati, dopo essersi adattati ad un sistema di estorsione da cui alcuni di loro stessi spesso beneficiavano, ricavavano un senso di sicurezza e di autostima da tale dottrina dei "diritti". Così, fu attraverso questi processi psicologici e legali che si realizzò la stratificazione della Società. Lo Stato è quella classe che gode di un vantaggio economico attraverso il controllo dei meccanismi di coercizione.[1]

La teoria sociologica dello Stato non si basa solo sulla testimonianza della storia, ma anche sul fatto che esistono solo due modi in cui gli uomini possono acquisire dei beni economici: produzione e predazione. La prima prevede l'applicazione del lavoro alle materie prime, l'altra l'uso della forza. Il saccheggio, la schiavitù e la conquista sono le forme primitive della predazione, ma l'effetto economico è lo stesso quando la coercizione politica viene usata

1 Questa breve sintesi del contesto storico della teoria sociologica suggerisce le storie del Vecchio Testamento sulla conquista di Canaan da parte degli Israeliti, la storia dell'Inghilterra e dell'Impero Romano. Tuttavia, i fautori principali di questa teoria, Gumplowicz ed Oppenheimer, erano più interessati all'origine dello Stato che al suo sviluppo, e scavarono nelle informazioni sulle tribù primitive di tutto il mondo; ovunque guardarono, scoprirono che l'organizzazione politica iniziò con la conquista.

per privare il produttore del suo prodotto, o anche quando egli acconsente al trasferimento della proprietà come prezzo per avere il permesso di vivere. Né la predazione si trasforma in qualcos'altro quando viene compiuta in nome della carità, secondo la formula Robin Hood. In ognuno di questi casi, qualcuno gode di ciò che altri hanno prodotto ed a causa di questa depredazione i desideri del produttore finiscono insoddisfatti e il suo lavoro resta non corrisposto. Si vedrà come, nel suo aspetto morale, la teoria sociologica si appoggia alla dottrina della proprietà privata, al diritto inalienabile dell'individuo al prodotto del suo sforzo, e sostiene che qualsiasi tipo di coercizione, esercitata per qualsiasi scopo, non aliena tale diritto. Ma torneremo in seguito su questo punto.

Per inciso, a prima vista questa teoria sembra somigliare all'affermazione di Karl Marx secondo cui lo Stato è il comitato direttivo della classe capitalista. La somiglianza è tuttavia solo nelle parole, non nelle idee. La teoria Marxista sostiene che lo Stato in altre mani - la "dittatura del proletariato" - potrebbe abolire lo sfruttamento, ma la teoria sociologica dello Stato (o la teoria della conquista) insiste sul fatto che lo Stato stesso, indipendentemente dalla propria composizione, sia un'istituzione di sfruttamento e non possa essere altro che questo; vuoi che si impadronisca della proprietà del titolare dei salari o della proprietà del proprietario del salario o della proprietà del proprietario del capitale, il principio etico è lo stesso. Se lo Stato prende dal capitalista per dare al lavoratore, o dal meccanico per dare al contadino, o da tutti a proprio vantaggio, viene comunque usata la forza per privare una persona della proprietà che gli spetta di diritto e così facendo lo Stato porta avanti lo spirito, se non la modalità, della conquista originale.

Pertanto, anche nel caso in cui la cronologia di un dato Stato non inizi con un atto di conquista territoriale, resta il fatto che ne segua un identico modello in quanto le sue pratiche ed istituzioni continuano la tradizione di quegli Stati che sono passati attraverso il processo storico. Lo Stato americano non ha avuto inizio con la conquista; gli Indiani non avevano proprietà da cui potevano essere sollevati e, essendo cacciatori di professione, erano troppo intrattabili per essere ridotti in schiavitù. Ma i coloni erano essi stessi il prodotto di un'economia di sfruttamento, erano assuefatti ad essa nelle loro rispettive terre d'origine, e la importarono ed incorporarono nell'organizzazione del nuovo Stato. Molti di loro arrivarono nella nuova terra portando il giogo della schiavitù. Tutti arrivavano da contesti istituzionali che erano emersi dalla conquista; non ne conoscevano altri, e quando svilupparono le loro proprie istituzioni trapiantarono semplicemente quelle dei contesti da cui venivano. Portarono lo Stato predatorio con loro.

Qualsiasi richiesta di informazioni sulla figura dello Stato americano deve pertanto tener conto della distinzione tra guadagnarsi da vivere con la produzione e guadagnarsi da vivere con la predazione; cioè, tra economia e politica.

Capitolo 3

L'unità della vita sociale

Cominciando dall'ovvio, ci devono essere gli uomini prima che ci sia una Società, e ci deve essere una Società prima che ci sia un Governo. Per poter crescere, le istituzioni sociali devono essere seminate nello stesso terreno di cui è fatto l'individuo. Pertanto, siamo costretti a chiedere all'individuo, che è l'unità della vita sociale, di dirci perché socializza, perché diventa politico. I metafisici erano sulla strada giusta quando si misero a indagare la natura del singolo per dare una spiegazione allo Stato, anche se erano distratti dalla loro mentalità teologica. Su questa strada non si trova una risposta positiva, né una risposta che non inizi con delle supposizioni. Forse invece guardando l'essere umano dall'esterno potremo riuscire a fare luce sulla questione, senza fare riferimento alla sua composizione spirituale.

Quale costante si osserva nella sua esistenza? A questa domanda non c'è che una risposta: egli è sempre e comunque impegnato a guadagnarsi da vivere. Non possiamo nemmeno pensare ad un essere umano privo di questa preoccupazione. Egli è, fondamentalmente, un "uomo economico" - per usare un termine che viene talvolta usato in modo spregiativo, ma che è il più appropriato quando riflettiamo sul fatto che l'attività primordiale dell'uomo è l'esistenza. La sua ricerca economica è radicata in lui come una necessità. Sembra logico supporre, allora, che la Società in cui lo troviamo sempre immerso o sia una fase di questa attività da cui l'uomo non va mai in pensione, o esista in relazione ad essa. Non è allora probabile che, se ci immedesimassimo nei mezzi e nei metodi che impiega per guadagnarsi da vivere, impareremmo che la Società ed il Governo sono escrescenze generate da questo processo? Forse, dopo tutto, queste istituzioni hanno le loro radici nell'economia. Si tratta di un'ipotesi plausibile, in ogni caso.

L'obiezione che viene sollevata è che l'essere umano sia troppo complesso per essere trattato come una mera creatura vivente. Anche le altre specie che abitano la terra sono costantemente a caccia dei mezzi per esistere e niente hanno di quello che noi chiamiamo Società e Governo; il meglio che fanno per socializzare è formare un gregge o un branco o uno stormo, organizzazioni del tutto diverse da quelle che qui vengono formalizzate. Questa obiezione, tuttavia, deriva da una definizione limitata e irreale di "uomo economico" che descrive la vita come una mera acquisizione di cibo, vestiario e riparo. Un tale uomo non esiste, o esiste solo sotto la spinta delle necessità.

Per l'uomo, a differenza degli altri esseri viventi, il "guadagnarsi da vivere" comincia soltanto con l'acquisizione delle cose necessarie: per come egli è costituito, infatti, una volta risolto questo problema (o anche prima che sia completamente risolto) la sua immaginazione dà luogo ad altri desideri che, quando gratificati, danno luogo ad ancora altri desideri e così via *ad infinitum*. Il suo lavoro di "vivere" non ha alcun perimetro fisso. Eppure, la soddisfazione di un qualunque desiderio scaturito dalla sua fantasia coinvolge gli stessi mezzi e metodi che egli impiega per garantirsi il necessario. Il libro e il violino vengono alla luce da processi che sono in sostanza gli stessi di quelli applicati per produrre pane e vestiti; tutto ciò che l'uomo vuole coinvolge le dinamiche della produzione.

Quindi, "l'uomo economico" non è un tipo d'uomo speciale e, anche se per motivi di studio potremmo separarlo nel nostro laboratorio mentale da "l'uomo culturale", "l'uomo religioso" o da quello "militare", egli è sempre di fatto un uomo che utilizza i mezzi economici nel tentativo di realizzare qualsiasi "modo di vivere" a cui lo conduca la propria inclinazione o l'opportunità. L'agente catalizzatore di tutte le aspirazioni umane è la produzione.

Cos'è, quindi, la produzione? È l'applicazione del lavoro alle materie prime offerte dalla natura per la realizzazione di cose che soddisfino i desideri umani. Nulla può essere prodotto in un qualsiasi altro modo. È vero: esistono, tra le cose desiderate dagli uomini, quelle che apparentemente non comportano l'uso di materie prime e sono di solito descritte come servizi. Ma anche il cantante ha bisogno di sostentamento e il predicatore nudo potrebbe scoprire come il freddo sia un ostacolo al pensiero. Non vi è alcun servizio desiderabile - come l'assicurazione o l'istruzione - tanto lontano dalla produzione di base da non risultare, ad un esame attento, una suddivisione o ramificazione dell'applicazione del lavoro alle materie prime. Quando si pensa a questo processo, si comprende come tutte le cose tangibili ricercate dagli uomini, quali ad esempio cibo e vestiti, sono in realtà l'istantanea di servizi come quello culinario o di sartoria, e dunque ogni distinzione tra beni e servizi, in senso economico, è accademica.

Il fatto che l'uomo sia sempre dipendente dalle materie prime per vivere, anche nel senso più ampio della vita, lo bolla come un "animale terrestre". Ma, a questo proposito, tutti gli altri animali sono sottoposti alle medesime costrizioni. Quindi, sorge spontanea la domanda: in quale modo l'essere umano, nelle istituzioni sociali che ora ci interessano, è diverso dai suoi vicini che pensano solo a mangiare? Lo è nella misura in cui egli, diversamente da quelli, non dipende da ciò che trova ma ha la capacità di fare uso della natura per promuovere i propri fini. Questa capacità si chiama ragione: la facoltà di estrarre un principio causale da una serie di fenomeni correlati, e di applicarlo ai propri affari.

Per esempio, egli osserva come dalla natura non crescano cibi commestibili ovunque e in qualsiasi momento, ma solo quando e dove il terreno di una data consistenza goda di una certa quantità di sole ed umidità. Imparando questi segreti della natura, li trasforma in formule a cui dà il nome di leggi naturali. Poi, facendosi guidare da tali leggi, fa crescere il cibo che desidera: diventa un creatore di abbondanza. È quanto i suoi amici animali invece non possono fare.

Siamo soliti dire che l'uomo "conquista" la natura ma in realtà egli, nel raggiungimento dei propri fini, deve la conquista al suo adattamento ai mezzi impiegati dalla natura; non può infatti ottenere i risultati desiderati a meno che non ne impari le leggi e ad esse si sottometta. I popoli primitivi sono tali solo perché non si sono capacitati di queste leggi, mancando quindi nel riuscire a farne uso, ed i fallimenti di ciò che chiamiamo uomo "civilizzato", in qualunque campo scelga di operare, sono probabilmente dovuti alla sua ignoranza delle leggi della natura o alla sua arroganza nel tentativo di farsi strada violandole. Queste sono, tuttavia, immutabili e sempre presenti; i fallimenti dell'uomo indicano come anch'esse abbiano le loro proprie sanzioni.

L'uomo costruisce una bomba atomica perché ha imparato le leggi della fisica ad essa connesse; l'uomo con questo ordigno distrugge la Società perché non conosce né è disposto a sottomettersi alle leggi sociali che la natura ha scritto nel proprio libro della conoscenza. È particolarmente svantaggiato quando dichiara (come fa a volte, in particolare nei settori dell'economia e delle scienze sociali) l'inesistenza di leggi naturali e come l'uomo non sia inibito da tali finzioni; è qui che si mette davvero nei guai.

Date le risorse naturali e la conoscenza delle leggi di natura, guadagnarsi da vivere richiede un dispendio di lavoro. Questo è il prezzo inesorabile della produzione. Ma l'esercizio del lavoro comporta la spiacevole esperienza della stanchezza, qualcosa che l'uomo non vuole (siamo preoccupati solo del lavoro speso per scopi economici. Talvolta l'uomo trova piacere nello sforzo stesso, come lo trova nel fare una passeggiata. Ed a volte egli "amerà il proprio lavoro", provando piacere nel farlo, indipendentemente da qualsiasi altro ritorno. L'euforia risultante è il profitto che egli cerca, ma egli non lavora per il lavoro in sé).

Per evitare gli sforzi l'uomo potrebbe, come altri animali, ridurre i propri appetiti alle cose più necessarie, alle cose che rendono possibile l'esistenza e che si possono avere con il minimo sforzo (nulla si può avere senza alcuno sforzo). Egli, tuttavia, non è fatto in questo modo essendo guidato da una curiosità sempre crescente che lo spinge a cercare nuove gratificazioni, e lo porta a indagare perennemente la natura affinché gli riveli come acquisirle con meno fatica. Inventa dispositivi che diminuiscono il lavoro; spende del lavoro per risparmiare sul lavoro futuro. Sfrutta il tempo "straordinario" - o del lavoro in eccesso rispetto a quanto necessario per tenerlo in vita - per produrre cose che gli risparmieranno lavoro nelle sue imprese future o gli permetteranno di migliorare la propria situazione. Chiamiamo queste cose capitale.

Per quanto ne sappiamo, l'uomo è sempre stato un capitalista, un accumulatore di lavoro, e non possiamo concepire un tempo in cui non si servisse di tali concetti. Così, l'ascia di pietra che ha inventato per domare un animale commestibile è diventata, dopo secoli di riflessione e di tentativi ed errori, una mannaia ed i recinti per il bestiame di Chicago. L'accumulo di capitale è sempre stato l'occupazione dell'uomo: non conosciamo infatti un uomo o una Società non-capitalista. In ogni distinzione tra l'uomo primitivo e l'uomo civilizzato, usiamo come metro di giudizio i loro relativi accumuli di capitale e i loro relativi usi di questo capitale.

Una legge naturale viene derivata dall'osservazione dei modi della natura. La sua prima caratteristica è l'invariabilità: succede sempre così e non ci sono eccezioni. E poiché in ogni cosa che fa, sin da quando si ha conoscenza del suo comportamento tanto da non poter nemmeno concepire una deviazione, l'uomo cerca di soddisfare i propri desideri col minimo dispendio possibile di lavoro, potremmo definire quest'ultima come una legge naturale del suo comportamento. Un secondo requisito di una legge naturale è il suo permetterci di prevedere cosa accadrà in futuro: è proprio su questo punto che questa legge si qualifica come tale. Noi inventiamo ed usiamo gli elettrodomestici perché sappiamo che ogni casalinga è interessata a risparmiare lavoro; offriamo tangenti agli agenti perché siamo sempre alla ricerca di "qualcosa in cambio di niente" e, se gli agenti accettano le tangenti, è perché preferiscono ottenere le loro soddisfazioni senza dispendio di lavoro. La nostra struttura dei prezzi è interamente basata su questa "legge della parsimonia".

In effetti, ogni teoria economica deve tenerne conto - e le dottrine sociali che prescindono da questa si dimostrano impraticabili. Quando, ad esempio, viene proposto che gli imprenditori debbano vendere i propri prodotti a meno del costo di produzione, o a meno di quello che altri sono disposti a pagare per essi, ecco che assistiamo alla formazione del cosiddetto "mercato nero". La nostra reazione immediata al concetto socialista secondo cui gli uomini lavoreranno con poca attenzione ai guadagni, è di considerarlo senza alcun senso; gli esseri umani non si comportano in questo modo.

Ora la Società, il Governo e lo Stato sono istituzioni fatte dagli uomini, e deve essere dato per scontato che anche queste siano espressioni di questa legge del comportamento umano. Se in tutti i suoi compiti l'uomo è sempre motivato da questa avversione al lavoro, perché dovremmo supporre che essa non svolga alcun ruolo nell'organizzazione sociale e politica che si dà? Egli non subisce alcuna mutazione, quando parliamo di Società e politica: è ancora lo stesso uomo. Forse, dopo tutto, le sue istituzioni sono, in un modo o nell'altro, analoghe ai meccanismi di risparmio di lavoro. Ha più senso condurre un'indagine sulle sue istituzioni con una tale ipotesi piuttosto che iniziare a postulare l'idea che le sue istituzioni derivino da forze a lui esterne, forze che, secondo il pensano i metafisici ed i socialisti, lo utilizzano come fosse uno strumento e non il loro creatore.

In correlazione con questa "legge della parsimonia" c'è un'altra caratteristica costante dell'essere umano, che getta luce sulle sue istituzioni. È il fatto che egli sia l'unico animale i cui desideri non sono mai soddisfatti. Egli non evita il lavoro al solo scopo di evitare il lavoro in sé: non è pigro. Infatti, lo troviamo ad investire ogni risparmio del proprio lavoro in un nuovo desiderio, uno di cui difficilmente era a conoscenza prima che avesse un surplus di energia da mettervi a disposizione. Quando padroneggia l'arte di entrare in possesso dei mezzi di sussistenza e trova facile tale compito, comincia a pensare alle tovaglie ed alla musica per accompagnare i propri pasti. La sua vita consiste in una salita costante verso altezze più elevate, ad un punto in cui queste sono chiamate lussi o soddisfazioni marginali, quali sono i libri, i francobolli rari, il baseball e la musica di Beethoven. I desideri dell'uomo sono illimitati.

Ma ogni nuovo passo nella ricerca di una vita più piena deve essere preceduto da alcuni collegamenti per la messa in sicurezza di quelle cose di cui gode abitualmente, ed i lussi diventano necessità in proporzione alla facilità con cui può averli. Fin dall'inizio dei tempi, per quanto ne sappiamo, l'uomo è stato un risparmiatore di lavoro, un capitalista, non al fine di accumulare energia ma per spenderla verso risultati più grandi. È per questo motivo, come vedremo, che la Società diventa il suo habitat naturale.

La "legge della parsimonia" non sostiene che gli uomini soddisfino sempre i propri desideri col minimo sforzo; afferma invece che essi tentano di farlo. L'ignoranza del percorso più breve, del mezzo più semplice, è la ragione per cui l'uomo prende la via più lunga. Prima che venisse a conoscenza dell'automobile, il proprietario del carro trainato da buoi doveva occuparsi di ciò che doveva trasportare, ma come la sua avversione al lavoro lo portò ad inventare quel primo miglioramento primitivo rispetto al camminare a piedi così è stato questo stesso stimolo a portarlo all'invenzione dell'automobile; la velocità rappresenta un risparmio di forze nella realizzazione di un risultato. Lo psicopatico ruba perché pensa che sia il modo più semplice per soddisfare i propri desideri, mentre lo scaltro monopolista escogita modi per migliorare la propria situazione senza passare per lo sforzo che la concorrenza gli avrebbe imposto. Ogni crimine nel calendario, ogni male sociale, ogni imbroglio dei politici è riconducibile alla "legge della parsimonia". Così come ogni progresso nelle scienze e nelle arti.

Sarebbe vano moralizzare su questa avversione al lavoro in quanto lavoro: tanto amorale quanto i capelli sulla testa di un uomo. Ma se si guarda alla psicologia umana, si può trovare il germe di un principio etico in questa legge comportamentale. Si scoprirà che il valore che la persona attribuisce a sé stessa è misurato nei termini del lavoro che deve impiegare per soddisfare i propri desideri. Il suo ego si espande o si contrae in proporzione al costo in lavoro della sua vita.

Così, uno schiavo che dai propri sforzi ricava una magra esistenza tara su questa situazione la propria disposizione mentale, sviluppando ciò che chiamiamo una psicologia da schiavo: cioè, non si considera di più di quello che ottiene. D'altra parte, il "pezzo grosso" tra i gangster ha una grande stima di sé stesso perché, senza spendere alcun lavoro, è in grado di vivere nel lusso. L'opinione di sé mantenuta dallo schiavo e dal "pezzo grosso" è condivisa dai rispettivi contemporanei semplicemente perché le loro opinioni di sé sono misurate in modo del tutto analogo. L'ammirazione che accordiamo all'uomo opulento e il nostro godimento riflesso dei lussi del cinema illustrano il meccanismo della "legge della parsimonia": non è tanto la nostra invidia a essere provocata, poiché questa suscita in noi solo l'emulazione o il furto, quanto piuttosto il fatto che quanto desideriamo sia stato acquisito senza doverci spendere alcuno sforzo visibile. È il *summum bonum*.

Ciò premesso, un'economia gestita in modo da fornire un'abbondanza generale, un'economia di abbondanza, non può che migliorare l'autostima o il morale di chi ne gode, mentre un'economia di scarsità ha l'effetto opposto; per dirla altrimenti: prezzi bassi (o facilmente accessibili) inducono valori umani più alti, mentre i prezzi elevati (in termini di spesa del lavoro) tendono a deprezzarli. Questo però è un discorso a parte. Il punto è che ci sono conseguenze morali alla "legge della parsimonia".

Qualsiasi altro attributo l'essere umano introduca nell'ordine sociale di cui è parte integrante, la sua volontà di vivere viene prima nella gerarchia; essa non è semplicemente un aggrapparsi alla vita, ma anche uno stimolo a migliorare la propria situazione e ad ampliare i propri orizzonti. Ciò è innato; il Nirvana, o la negazione del desiderio, è una caratteristica acquisita che richiede un notevole esercizio di volontà. La volontà di vivere è accompagnata dai mezzi e metodi che le sono connaturati - la tendenza ad evitare il lavoro.

La Società può essere spiegata da altre caratteristiche umane, come ad esempio la composizione metafisica dell'uomo, le sue aspirazioni culturali ed il suo desiderio di compagnia, tuttavia queste sono variabili discutibili. Non vi è dubbio circa la persistenza e l'universalità degli attributi sopra citati, che quindi devono essere considerati degli imperativi: in qualunque altro modo cerchiamo di spiegare Società, Governo e Stato, non possiamo ignorare "l'uomo economico".

Capitolo 4

La Società sono le persone

La Società è un concetto collettivo e nient'altro; si tratta di una convenzione per indicare un certo numero di persone. La stessa cosa vale per la famiglia o le bande, o qualsiasi altro nome diamo ad un conglomerato di persone. La Società è differente rispetto a questi altri nomi collettivi poiché veicola l'idea di uno scopo o un punto di contatto in cui ogni individuo detiene un interesse, pur mantenendo intatta la propria identità e il perseguimento dei propri affari. Una famiglia è tenuta insieme da legami familiari, una folla consiste in un certo numero di persone tenute insieme da un'impresa comune, come ad esempio una partita di baseball o una conferenza. La Società, d'altra parte, abbraccia il padre ed il figlio, il dottore ed il contadino, il finanziere ed il lavoratore - una gamma di persone occupate in tutta una serie di mestieri e professioni e dedicate a una certa varietà di scopi, tutti personali ma allo stesso tempo tenuti insieme da un fine comune. Ma la Società rimane una parola, non un'entità. Non è una "persona": se un censimento stabilisse l'esistenza di cento milioni di persone, non una di più, non potrebbe aversi alcun accrescimento della Società se non attraverso la procreazione. Il concetto di Società come persona metafisica fa cilecca quando osserviamo come la Società si dissolva allorquando le sue componenti si disperdono, come nel caso delle "città fantasma" o di una civiltà di cui abbiamo appreso l'esistenza solo dai reperti che si è lasciata dietro. Quando scompare l'individuo, scompare anche l'insieme.

Tale insieme non ha una vita a sé stante.

Usare un nome collettivo con un verbo al singolare ci trae in inganno; siamo propensi a personalizzare la collettività ed a pensare che abbia un corpo ed una psiche indipendenti, per poi trasferire in questa fabbricazione mentale alcune abitudini o caratteristiche degli individui reali; scegliamo dall'eterogeneità di questi ultimi alcuni tratti comuni e li ascriviamo all'immagine nella nostra testa. Ci ritroviamo così a parlare di Società dei Mormoni, di Società agricola, di Società avanzata; in realtà la Società non può essere religiosa, non ha un'occupazione, è incapace di progredire; ci sono solo gli attributi delle singole persone. È un gioco di prestigio. Inventiamo una parola per creare un'impressione piuttosto che un fatto verificabile, poi la usiamo come se rappresentasse davvero un fatto verificabile.

Tutto ciò è evidente e non varrebbe la pena di spiegarlo se questo uso formale non ci avesse condotto in un vicolo cieco. Descrivere la Società come se fosse una persona ci abitua a giudicare ogni membro del gruppo in base all'impressione dell'insieme, e ad agire in base a tale giudizio. Attraverso questo trucco mentale la patologia ben pubblicizzara della gerarchia Nazista è stata trasferita a tutti i Tedeschi e, in quanto nostri nemici, abbiamo deciso che il solo tedesco buono fosse un tedesco morto. La smania di massa verso la guerra è un prodotto di questa abitudine alla personificazione; diventa allora una questione di onore, non un omicidio, distruggere l'uniforme di questa personificazione. Questa negazione dell'individuo attraverso l'uso delle parole è la premessa per qualsiasi ragionamento socialista: il socialismo non ha una ragione valida per esistere finché l'individuo, proprio come un grumo di zucchero, non viene letteralmente dissolto nella personificazione di una classe. Ogni schema politico per "migliorare" la Società si basa su questi giochi di parole.

Per questa ragione è necessario specificare come la Società non sia altro che una parola pratica, un simbolo, e che stiamo parlando di persone, ciascuna guidata dall'impellenza primordiale di vivere secondo i propri modi e le limitazioni inerenti alle sue capacità. La Società è un'istituzione sviluppata dall'uomo per promuovere i propri scopi ed aspirazioni. È qualcosa che lo aiuta a migliorare la propria condizione, risparmiando fatica.

Ogni cosa ha un inizio, e l'inizio della Società ha da sempre attirato la curiosità del ragionamento filosofico. In questo campo è quasi diventato un assioma che la Società abbia avuto inizio dalla famiglia. Ciò potrebbe e non potrebbe essere vero. Tuttavia, la teoria non spiega l'organizzazione di gruppi in cui mancavano legami di consanguineità, come spesso è accaduto durante la colonizzazione dell'America o del nostro Ovest. Se ci sia mai stata una "prima" Società, è ragionevole presumere che sia nata proprio come queste comunità; presumendo, ovviamente, che l'uomo sia sempre stato quello che è. Sulla nascita e lo sviluppo di queste comunità abbiamo testimonianze dettagliate – sono avvenute proprio sotto i nostri nasi – e la loro gestazione ha seguito una via così uniforme da poter loro conferire il titolo di principio della Società.

Da solo o con famiglia al seguito, ogni pioniere stabilitosi su un appezzamento attorno al quale alla fine è cresciuta una metropoli, era spinto a procurarsi ogni bene di cui necessitava lì dove la natura poteva fornirglielo quasi pronto. Che si trattasse di un evaso di galera o di un perseguitato religioso, questo fatto valeva per tutti. Essendo umano, selezionava come luoghi dove svolgere le proprie attività quelli in cui, grazie alla fertilità del terreno, alla presenza d'acqua e all'abbondanza di selvaggina, poteva ricavare il più alto dei rendimenti rispetto al proprio lavoro. Il bracciante nel secondo carro della fila è parimenti influenzato nella selezione di un luogo in cui stare, ma trovandosi a scegliere tra pari destinazioni deciderà per quella vicina al suo predecessore. Perché? La consolazione ed il conforto della compagnia sono un fatto da prendere in considerazione. Tuttavia, una vicinanza mantenuta al solo scopo di non restare soli è cosa di ben poco conto: non durerà a lungo, a meno che non venga instaurato un legame sostanziale. Tale legame è rappresentato dall'aumento delle soddisfazioni reso possibile dalla cooperazione nella costruzione di una casa, nella raccolta di legna da ardere, nello squartare un animale. In molti lavori due individui possono produrre più del doppio di quello che può fare il singolo, mentre alcuni compiti non potrebbero essere portati a termine da un solo uomo. Il risultato di questo sforzo di cooperazione crea più soddisfazioni, più rendimenti. La socialità prospera sulla base dei profitti reciproci assicurati dalla cooperazione e, quando osserviamo come la conoscenza maturi in amicizia (all'aumentare dei livelli di rendimento reciproci), è difficile dire quale sia la causa e quale l'effetto.

L'immigrazione nella comunità è proporzionale alle opportunità di impiego profittevole consentite da questo ambiente rispetto ad altri: i nuovi lavoratori sono tutti attratti dalla prospettiva di un miglioramento personale. Sebbene arrivino dalla tormentata Irlanda o dalle montagne della Svezia, sebbene parlino il gergo del ghetto o si crogiolino nelle consonanti Slave, che siano scappati dallo squallore delle miniere Gallesi o dalla disoccupazione del New England, trovano in questi luoghi particolari un punto di contatto comune: un'abbondanza fiorente dovuta alla natura e alla cooperazione. Le differenze di razza, religione, lingua e costumi stimolano curiosità ed a volte irritazione, ma il contributo di ogni lavoratore all'incremento generale di ricchezza tende a liquidare queste differenze superficiali. L'aumento del livello dei salari stimola la combinazione di particolarismi culturali.

Appena la sussistenza cessa di essere un problema pressante, come evidenziato dai granai stracolmi, si pone l'urgenza di soddisfare quei desideri che durante l'economia della scarsità erano solamente dei sogni. La baita in legno, fino a ieri una reggia, è adesso in disperato bisogno di tende, mobili, quadri; un senso di dignità sprona le persone a vestirsi bene di domenica; il granaio, prima usato come luogo di culto, deve essere sostituito da un edificio appropriato ed ogni madre pensa al mondo che il proprio figlio potrebbe conquistare, se gli fossero aperte le prospettive dell'apprendimento. Ma la soddisfazione di questi nuovi desideri richiede manodopera specializzata, competenze e conoscenze che il tuttofare autosufficiente non ha. A questo punto della crescita della Società, da dentro il gruppo o da fuori, arriva un individuo che, grazie a un'attitudine verso il commercio, offrirà i propri servizi come fabbro. La necessità di tali servizi gli suggerisce che gli altri lo pagheranno almeno quanto potrebbe guadagnare nella dalla comune attività di approvvigionamento primario. Il movente del profitto - cioè, la voglia di soddisfare i desideri col minimo sforzo - lo trasforma in uno specialista. Il movente del profitto funziona però bilateralmente: il contadino assume lo specialista perché così potrà impiegare più proficuamente il proprio tempo lavorando come agricoltore, invece che come fabbro. La relazione tra acquirente e venditore si basa su guadagni reciproci.

Lo specialista non emerge fino a quando non vi è abbastanza popolazione da aver bisogno di lui, e fino a quando quella popolazione non ha raggiunto un certo grado di benessere. È il lavoro nelle stalle, il capitale, che fa emergere la possibilità di assumere un sarto, un predicatore, un insegnante o un venditore ambulante, così da sbarazzarsi dei lavori "fai da te" imposti dalle necessità ed eseguiti alla bene meglio, a discapito di quelli che invece si è meglio attrezzati a svolgere. L'accumulo di capitale è il prerequisito indispensabile della specializzazione. Mano a mano che nuovi produttori affluiscono nella nascente comunità, sia in veste di specialisti che di fornitori di servizi primari (i quali, trasferendo ad altri le proprie mansioni marginali, a propria volta diventano specialisti), aumentano il capitale e i risparmi, cosa che risveglia nuovi desideri. Questo è il modo di agire degli esseri umani. In un secolo o due, l'accumulo di capitale raggiunge un punto in cui il negozio del ciabattino è rimpiazzato da un calzaturificio, il venditore ambulante dal grande magazzino e la piccola scuola di paese dall'università. La specializzazione si sedimenta sulla specializzazione precedente, non per progetto consapevole e certamente non per coercizione, ma (a) per l'aumento della popolazione (b) per l'aumento conseguente nel livello dei salari e (c) per i risparmi che hanno reso possibile tutto ciò. Risalite ora da questi fattori fino al loro principio causale e arriverete al funzionamento de "l'uomo economico": sempre intento al miglioramento della propria condizione ed al suo ampliamento nel modo più efficiente a disposizione.

Stiamo parlando dell'ascesa e dello sviluppo della Società Americana. Altre integrazioni sociali, come quelle in Tibet o Abissinia, non hanno mai superato uno stadio primitivo; altre ancora, come quelle europee, hanno impiegato più tempo per arrivare ad un livello simile a quello americano. La differenza non può trovarsi nel tipo di popolazione, poiché la Società Americana è composta da un'ampia rosa di popoli del mondo, ciascuno dei quali ha giocato la propria parte economica secondo copione. Senza dubbio le condizioni climatiche e la disponibilità di risorse naturali hanno influenzato il corso della Società Americana: l'uomo, dopo tutto, è un "animale della terra". Ma altre persone benedette allo stesso modo non "si sono spostate", o perlomeno non così velocemente, quindi per scoprirne la causa dobbiamo guardare ad alcuni vantaggi speciali di cui hanno goduto gli americani.

Attraverso il classico processo di eliminazione arriviamo a identificare questo speciale vantaggio: la libertà. Non solo da ostacoli politici ma anche dalle inibizioni che la tradizione istituzionalizzata impone alle aspirazioni umane. Il giovane americano non aveva un governo costoso da sostenere, la tassazione era bassa e lo privava solo di pochi risparmi, non esisteva alcun sistema di caste che potesse deprimere la sua autostima. In realtà di tali limitazioni ne importò un paio, ma non ebbero il tempo sufficiente per sedimentarsi ed istituzionalizzarsi fino in fondo. Era libero di plasmare il suo destino in base alle proprie capacità e scelse di seguire la sua inclinazione naturale a migliorare il proprio salario attraverso la cooperazione e la specializzazione e a risparmiare parte dei guadagni per investirli in strumenti che gli avrebbero permesso di produrre di più con uno sforzo minore. Era un capitalista in libertà.

Anche la Società nasce e cresce, con le proprie radici immerse nelle unità che la compongono. Essa è tanto poco il risultato di una costruzione artificiale quanto lo è un albero, sebbene come accade per l'albero la sua crescita possa essere ostacolata da impedimenti artificiali o facilitata dalla loro rimozione. Esiste attualmente un'idea secondo cui la Società possa essere fabbricata, come una sedia o una scarpa, imponendo gli obiettivi di un gruppo di persone su un altro. Avendo compreso come la caratteristica speciale di quanto chiamiamo cultura avanzata sia la sua intensità di capitali, tale idea presuntuosa afferma che il mettervi mano per distribuirli a popoli "arretrati" ne velocizzerà lo sviluppo. L'idea è tanto sciocca quanto quella di costringere un bambino a stare al passo con un adulto. Non è un'industria che crea una Società, ma è la Società che dà vita alla prima. Lì dove un sarto itinerante potrebbe senz'altro prendersi cura dei bisogni di una comunità nascente in fatto d'abbigliamento, questa considererebbe un'assurdità la presenza di una fabbrica di vestiti al proprio interno; solo quando la popolazione fu abbastanza grande e produttiva da soddisfare i propri bisogni precedenti nacque spontanea l'idea di un'acciaieria. Una gratificazione fa nascere un altro desiderio e nel caso quest'ultimo richieda tecniche ancora sconosciute, l'uomo ne prenderà nota e le inventerà. Ma deve essere libero per farlo. Questo è ciò di cui mancano di più i popoli "arretrati": o l'espropriazione dei loro beni scoraggia la produzione e ne rende impossibile l'accumulo, oppure le abitudini indotte da istituzioni politiche o culturali inibiscono l'impulso di sognare. L'ingrediente fondamentale del progresso è la libertà.

I benefici della specializzazione non sono privi di contrappesi. Mentre il pioniere si rivolge sempre di più al falegname professionista, perde quella capacità che il bisogno gli aveva fatto sviluppare, ed il figlio che alla fine succederà al padre non sarà capace di inchiodare al muro uno scaffale nella casa che suo padre aveva eretto dalle fondamenta. Il prezzo della specializzazione è l'interdipendenza: in una Società altamente sviluppata, dove il contributo di ogni lavoratore è una piccola frazione dell'intero, basarsi l'uno sull'altro è la condizione stessa dell'esistenza. New York muore di fame quando una tempesta di neve taglia le sue vie di comunicazione con le fattorie.

È questo fatto che alimenta la credenza fantasiosa di una Società trascendente. Quando pensiamo alla miriade di lavoratori coinvolti nella produzione di una tazza di caffè - lavoratori nelle piantagioni e presidenti bancari, scaricatori di porto ed ingegneri ferroviari, produttori lattieri e raffinatori di zucchero - veniamo travolti dall'immensità del processo e siamo inclini a personalizzarlo; un trucco mentale non molto dissimile da quello con cui si divinizzava una tempesta altrimenti incomprensibile. Eppure non esiste una cosa come la "produzione sociale" - se con tale termine si implica qualcosa di più della produzione individuale. La Società non può produrre qualcosa; solo gli individui producono. Sebbene siano coinvolte un milione di persone nella produzione di quella tazza di caffè, ciascuna (come individuo) l'ha influenzata con le proprie mani. Se una tra questo milione venisse rimossa senza essere sostituita, la tazza di caffè non sarebbe prodotta e perciò non raggiungerebbe il consumatore. La produzione del nastro trasportatore è in esatta proporzione al numero di lavoratori che lo azionano.

Si arriva alla stessa conclusione quando ci si domanda il perché gli uomini lavorino: per soddisfare i propri desideri - e per nessun'altra ragione. Il funzionario che produce il documento di carico per una partita di caffè non è motivato da un interesse per quel documento o per il caffè: fa quel lavoro solo perché in tal modo potrà soddisfare i propri desideri, tra i quali potrebbe non esservi il caffè. Se non gli fosse possibile scambiare i frutti del proprio lavoro con quanto desidera, si licenzierebbe da impiegato per dedicarsi ad ottenerlo in altro modo - forse tornando ad un'economia primitiva. Ogni lavoratore lavora per sé stesso. Ogni lavoratore è spinto a lavorare dalla volontà di vivere e non c'è modo di trasferire questa volontà ad un'altra persona o ad un gruppo di persone. Pertanto la locuzione "produzione sociale" - se significa qualcosa di più della somma totale della produzione degli individui - rappresenta solo un'astrazione maliziosa. È una locuzione che aleggia nel gergo del socialismo.

La Società è composta da Tom, Dick e Harry.

Capitolo 5

"Ciò che si ottiene facilmente, lo si perde altrettanto facilmente"

Poco dopo che i nostri pionieri si stabilirono nelle loro botteghe, uno di loro andò a pescare. Ciò che pescò era di gran lunga superiore al suo desiderio di mangiare, e quindi si trovò con il problema di cosa farne. Il suo vicino di casa gli risolse la questione esprimendo il desiderio di poterne entrare in possesso. Anche lui aveva abbondanza di un qualcosa, a quanto pare di patate, di cui invece il pescatore era a corto. O forse il coltivatore si aspettava un grande raccolto di patate e promise al pescatore che quando sarebbe stato tempo di raccolto ne avrebbe messe da parte alcune per lui. In ogni caso, si era in questo modo deciso uno scambio immediato o potenziale, il cui effetto avrebbe arricchito il menù di entrambi gli scambiatori. Così, con l'incremento delle loro rispettive soddisfazioni, o salari, venne piantato il seme di Main Street.

Ci sono alcuni che sostengono che la Società deve la sua origine all'istinto umano di socialità. Ma quest'ultima e lo scambio sono così strettamente intrecciati che è impossibile determinarne singolarmente la causalità, e quando si prende in considerazione che la compagnia è di per sé uno scambio, anche se non uno di tipo economico, fare una distinzione tra i due diventa privo di significato. Il mercato è l'anima della Società. L'uno non potrebbe esistere senza l'altro, ed entrambi devono la loro origine alla continua ricerca dell'uomo di una vita più piena. È il mercato che rende possibile la specializzazione, poiché è il mezzo attraverso il quale l'abbondanza prodotta dallo specialista, ovvero ciò che non soddisfa direttamente i suoi desideri, si traduce in cose che li soddisfano. E non importa quanto sia grande la popolazione, quanto variegata diventi la specializzazione, quanto sia intricata la tecnica del commercio, il mercato è semplicemente il mezzo con cui si dà via ciò che si vuole di meno per ottenere ciò che si vuole di più.

Quello che *si vuole* di meno in cambio di ciò che *si vuole* di più! Ogni scambio, dunque, ha origine dal desiderio, il desiderio del venditore ed il desiderio del compratore. Ognuno è consapevole di avere maggiore desiderio per la cosa che gli viene offerta che per quella a cui deve rinunciare per entrarne in possesso, e infine queste esperienze puramente soggettive trovano un punto d'incontro, qualcosa che noi chiamiamo prezzo.[1] Ma prima del prezzo e dello scambio, viene la capacità umana di creare una vasta gamma di desideri. Ed è un processo psicologico a cui diamo il nome di valore.

La speculazione sulla natura del valore cerca spesso di imbrigliarlo in una formula di utilità: quanto è utile la cosa a cui si rinuncia rispetto alla cosa che si acquista. Ma la matematica è incapace di misurare la variabile sfuggente del desiderio umano. La ricchezza di una nazione viene misurata in miliardi; quanto valore associa alla ricchezza della nazione il cittadino affamato? I proprietari di obbligazioni e mutui danno un certo valore a questa carta perché consentono loro di soddisfare i propri desideri, ma per il debitore rappresentano un disagio. Le cifre non possono esprimere la soddisfazione di una donna che entra in possesso di una lavatrice, o la repulsione di una "donna in carriera" per questo stesso elettrodomestico. Il perché le persone vogliono qualcosa, perché valutano una stessa cosa in modo diverso nel corso del tempo, perché preferiscono una cosa rispetto ad un'altra, sono tutte domande a cui non si può rispondere con la matematica. Quando guardiamo alla radice del valore, arriviamo ad uno dei tanti enigmi della vita. Eppure, come molti altri fenomeni che sfuggono ad un'analisi completa, il valore come funzione è abbastanza comprensibile, e come tale spiega il mercato, che è l'*alter ego* della Società.

L'essenza del valore è la capacità umana di misurare l'intensità del desiderio. Quando i due pionieri hanno barattato le cose di cui

1 Se questo fosse un libro di economia, sarebbe necessario entrare in una discussione sulla moneta. Ma ciò risulterebbe al di fuori del campo di applicazione della presente analisi. Né verrà pienamente analizzato il concetto di valore, a cui questo capitolo è dedicato, come uno studente di economia si potrebbe aspettare, ma verrà trattato solo come una nota esplicativa sulle istituzioni sociali e politiche.

avevano abbondanza, i loro desideri erano limitati al necessario. Quando l'aumento della popolazione permette una maggiore suddivisione del lavoro, e quindi una maggiore varietà di beni e servizi, il problema di valutare i desideri e di esercitare la propria volontà a favore della soddisfazione di questo o di quello diviene anch'esso più intricato. Quando la scelta era tra una pelle d'orso e l'andare nudi, il problema dell'abbigliamento era facilmente risolvibile. Ma oggi la questione riguarda la scelta tra un abito a due o a tre bottoni, tra il blu ed il grigio, per non parlare della qualità della lavorazione o della correttezza della taglia; inoltre la popolazione ha portato una nuova influenza a supporto della valutazione, quella dell'opinione pubblica, e di conseguenza la moda ha iniziato a ricoprire un ruolo cruciale. Prima del problema legato all'abbigliamento, deve essere presa una decisione tra l'abbigliamento stesso e la bardatura per il cavallo o una serie di libri per i figli. I desideri sono molti. Nella natura delle cose, cosa ci spinge verso una decisione a favore di una gratificazione rispetto ad un'altra? Come si misura l'intensità del desiderio? La risposta che l'uomo dà a questa domanda è un rapporto tra variabili: prendendo in considerazione fattori come inclinazione, ambiente e necessità, sceglierà quella gratificazione che produrrà maggiore soddisfazione secondo il suo giudizio e che sarà raggiunta in cambio del minimo sforzo. Infatti sta scritto nel libro della vita che il costo di ogni "bene" è quella cosa indesiderabile chiamata sforzo.

Così il lavoro, in contrapposizione al desiderio, è il determinante ultimo del valore. Teniamo a mente, tuttavia, che non è il lavoro investito nella produzione di un "bene" che ne determina il valore - né il "costo di produzione" - ma il lavoro che si deve impiegare per entrarne in possesso.[2] Il pescatore era consapevole dello sforzo necessario per ottenere il pesce, sforzo che potrebbe aver impiegato per coltivare le patate, e l'altro pioniere a sua volta sa quanto tempo ha investito nei suoi tuberi. Questa consapevolezza del costo del lavoro influisce molto sulle loro rispettive valutazioni in relazione alle cose offerte nello scambio; pertanto il costo di produzione (o il costo di riproduzione) tende ad approssimare il prezzo della gratificazione.

2 La teoria secondo cui il valore di una cosa è determinato dal lavoro speso per produrla fa fiasco quando riflettiamo sulle cose di valore che non possono essere prodotte - che non hanno un costo di produzione" - come le spiagge, i brevetti, i privilegi di monopolio e i cimeli di famiglia.

Non servirebbe ai fini di questo saggio - che è interessato alle forze economiche alla base delle istituzioni sociali - approfondire la teoria, o le teorie, del valore, o del prezzo. È sufficiente ricordare che se non fosse per questa capacità umana di fare valutazioni non esisterebbe il mercato, e se non esistesse il mercato non esisterebbe nemmeno la Società. Nonostante tutte le profonde elucubrazioni dedicate a questo argomento, non esiste definizione di valore più definitiva di quella che recita: "ciò che si ottiene facilmente, lo si perde altrettanto facilmente". Ciò che si acquisisce con poco sforzo lo si cede con poca riluttanza se in questo modo si può entrare in possesso di qualcosa che si desidera; d'altra parte, se ottenere un paio di scarpe richiede l'impiego di un mese di lavoro, entra in gioco un'influenza inibitoria e forse le vecchie scarpe torneranno ad essere utili per un periodo di tempo più lungo. È questa interazione di due forze psicologiche - intensità del desiderio e avversione al lavoro - che rappresenta l'essenza del valore, ed ogni tentativo di ridurlo ad una formula matematica è futile; farlo richiederebbe una comprensione dei meccanismi interni di ogni individuo, in ogni circostanza, e per averla bisognerebbe essere onniscienti. Quando viene terminato uno scambio, le forze psicologiche si acquietano e questo atto oggettivo è un fatto storico ed è misurabile; cioè, il prezzo pattuito ci dice qualcosa su quello che l'acquirente e il venditore hanno pensato prima che avesse luogo lo scambio. Non c'è modo di misurare le loro esperienze emotive precedenti. Ed anche così, anche dopo che è terminato lo scambio, non si può dire con certezza se verrà ripetuto. La determinazione del valore futuro si basa in gran parte su delle congetture. Ecco perché ci sono delle vendite "scontate".

Questa impossibilità di fissare i valori futuri è la roccia su cui si fonda la "pianificazione economica". Non solo il pianificatore è senza dati su cui basare le sue prognosi, ma neanche "il pianificato" può fornirglieli. Nessuno può predire con certezza cosa vorrà in futuro o quanto lo vorrà, perché nessuno può prevedere le influenze che determineranno le sue decisioni. Oggi uno può essere ansioso di avere un cappello, ma domani si potrà convincere che quel copricapo gli causerà la perdita dei capelli e deciderà di farne a meno; o la riparazione del suo tetto risulterà un bisogno più pressante rispetto all'automobile che aveva sempre sognato; o una diminuzione del suo reddito lo costringerà a rivalutare i suoi desideri. La variabilità delle scelte rende più precarie le previsioni, i produttori lo sanno bene. Il meglio che il pianificatore possa fare è prevedere i desideri "medi" sulla base delle esperienze passate. Ma ciò elimina necessariamente i desideri della minoranza dell'anno precedente, i quali quest'anno potrebbero diventare la maggioranza.

Di fronte a questo problema, il "pianificatore economico" deve ricorrere alla costrizione, alla limitazione delle scelte, allo strangolamento della fantasia. Il pianificatore si impegna a prescrivere ciò che l'individuo *dovrebbe* desiderare, e lo fa in base alla sua convinzione di sapere meglio di lui ciò che è "bene" per l'individuo. Dato che è sul mercato che si esprime la variabilità della scelta, attraverso il prezzo, la presunzione del pianificatore lo porta a tentare di controllare il consumo mediante il controllo sui prezzi. Ma i prezzi non sono controllabili, proprio perché non sono controllabili i desideri. L'ostacolo alla libera scelta che impone il pianificatore agisce come una diga su un fiume; l'acqua non smette di scorrere ma o trabocca dalla diga o si diffonde in un lago. Il controllo sui prezzi non mette un freno a ciò che si vuole e che si compra; crea semplicemente quello che la propaganda chiama "mercato nero", e che in realtà rappresenta il vero mercato, un po' distorto ma comunque vero. Può essere illegale ma è altamente morale, perché nasce dal diritto dell'individuo su se stesso, sul prodotto delle sue fatiche e sul perseguimento della felicità (che è l'essenza della vita).

Poiché risulta impossibile il controllo sul consumo mediante prezzi fissi, il pianificatore passa ad ostacolare la specializzazione produttiva. Cioè, si impegna a *desocializzare* la Società. Come abbiamo visto, gli uomini si incontrano e collaborano per il miglioramento delle loro condizioni - per aumentare il loro livello salariale comune - e realizzano questo scopo attraverso la specializzazione; qualsiasi tentativo di distorcere la specializzazione è quindi innaturale e regressivo; nella misura in cui riuscirà in questo compito, tenderà a rompere l'integrazione o a ritardarne la crescita. Gli uomini dovranno quindi andare avanti con meno. Ma non è nella natura degli uomini andare avanti con meno, e per contrastare questa spinta interiore il pianificatore deve ricorrere alla violenza. In ultima analisi la "pianificazione economica" poggia sull'epurazione. Da cosa? Dagli impulsi su cui è costruita la Società. Il "pianificatore economico" non controlla i prezzi o la produzione; controlla gli uomini.

Il valore è un'esperienza profondamente umana, ed è individuale. Non c'è modo per l'individuo di trasferire i suoi concetti di valore a qualcun altro; non vi è modo di collettivizzare il valore. È un rapporto tra l'intensità del desiderio e l'avversione al lavoro, e può essere paragonato ad un metro di misura su cui è registrata la stima con cui l'uomo impiega le sue energie. È l'enunciazione economica della sua autostima. Quando una grande offerta di cose di cui vive riduce la quantità di lavoro con cui può acquisirle, ne giova la sua autostima; l'energia risparmiata diventa investibile in un ulteriore miglioramento delle sue condizioni. Il suo orizzonte si espande. Pensa a Beethoven ed al baseball grazie alla facilità con cui possono essere soddisfatti i suoi desideri primari. Un'abbondanza generale, quindi, è sinonimo di prezzi bassi e di un orizzonte della vita allargato. Al contrario, prezzi alti causati da una scarsità di beni significano più energia spesa per soddisfare le proprie esigenze; il valore dello sforzo umano è diminuito. Più le cose costano meno, più l'uomo diventa ricco.[3]

Quindi è attraverso la produzione e l'abbondanza che l'uomo aumenta il suo livello salariale e la sua autostima. La sua ricerca della felicità è favorita dalla facilità con cui può acquisire soddisfazioni, ed è ostacolato dalle difficoltà che possono interporre la natura o le istituzioni artificiali. Tra i dispositivi che consentono di facilitare il lavoro, e di conseguenza lo scambio, c'è il denaro. Esso è il segno che è stato prodotto qualcosa di un certo valore e, per consuetudine e consenso comune, è accettato come un credito nei confronti della produzione di un valore paragonabile. È una merce che, nella zona in cui è generalmente riconosciuto il suo valore, è scambiabile con tutte le altre merci ovviando così all'obsoleto metodo del baratto.

3 Facciamo un esempio esplicativo. Un venditore offre un costoso capo di biancheria intima ad un agricoltore del Sud Dakota. Siamo nell'autunno del 1934, quando il lavoro rendeva poco. Il potenziale acquirente resta silente mentre il negoziante si fa sempre più loquace. Quest'ultimo cerca di chiudere l'affare e dice: "Cosa ne pensi John?" E John risponde: "Sto pensando a quanta lana dovrei rinunciare per questo capo di biancheria". Stava semplicemente soppesando il suo desiderio di un maggiore comfort con il costo in termini di lavoro. Forse stava soppesando il suo desiderio di un maggiore comfort con la necessità della sua famiglia di mangiare. Parlando di esseri umani, parliamo anche di valore.

Ma in sé non ha nessun valore, se non come metallo o carta, ed è solo valutato perché viene accettato sul mercato come prova che sono stati resi disponibili beni o servizi, che l'abbondanza generale è stata aumentata dal lavoro. In ultima analisi, il denaro è dato in cambio di servizi offerti; per questa ragione raggiunge importanza come misura di valore. Tuttavia il metro di misura non può sostituirsi ai beni misurati, ed il denaro non rappresenta la produzione.

L'ampia accettazione della misurazione del valore suggerisce al "pianificatore economico" che può controllare il consumo e regolare la produzione manipolando questo metro di misurazione. Portando surrettiziamente lo standard di 36 centimetri a 33 centimetri, egli induce l'acquirente a credere di aver acquisito più beni. Ma questo trucco non ha affatto prodotto più beni, e l'acquirente scopre che la tela acquistata non è sufficiente per gli abiti che intendeva cucire. È stato truffato. Come risultato di questa esperienza, la sua stima del valore del denaro diminuisce; chiede di più in cambio del suo lavoro. E questo è tutto quello che ha raggiunto il "pianificatore economico" con la sua operazione di contraffazione; non controlla né il consumo né regola la produzione. Fino a quando non viene scoperto il suo inganno, la Società viene derubata di una parte della sua produzione; ma la rapina, quando scoperta, indebolisce la fiducia nel mercato, scoraggia la produzione (e quindi il consumo), fino a quando la Società non insiste sulla correzione del torto subito. L'effetto netto dell'inflazione, della svalutazione del denaro, è quello di ritardare la ricerca della felicità.

In sintesi, la forza motrice della Società è la capacità umana di valutare i desideri e fare scelte. Se non fosse per questi fenomeni, il mercato non sarebbe mai esistito e l'abbondanza della specializzazione risulterebbe impossibile. E l'uomo sarebbe ridotto a vivere di quello che troverebbe in natura, come gli altri animali. Nessun altro animale dà prova di avere una coscienza dei propri desideri paragonabile a quella dell'uomo. Nessun altro animale mostra la capacità di misurare i propri desideri rispetto a quelli altrui o di agire in base ad una decisione risultante da un simile ragionamento; cioè, rinunciare deliberatamente al possesso di una cosa desiderabile allo scopo di acquisirne un'altra desiderata maggiormente. Nessun altro animale commercia. D'altra parte, questo potenziale pervade l'esistenza stessa dell'uomo; potrebbe esistere a stento senza una percezione riguardante il valore. Dalla culla alla tomba, l'uomo opera sempre distinzioni sulla desiderabilità. Dovrebbe giocare con questo o quel giocattolo, studiare legge o medicina, mangiare pesce o pollame, indossare un cappello rosso o bianco - cosa considera con più fervore? Cosa gli darà maggiore soddisfazione, cosa gli causerà minore disagio, prendendo in considerazione tutte le influenze del caso? Anche quando sceglie di rispondere "Non m'importa" - o di annullare sé stesso - viene costantemente chiamato a prendere decisioni a supporto di questa scelta.

Se le decisioni di un uomo siano giuste o sbagliate, se ciò che ritiene più desiderabile non sia in effetti più dannoso o se alla fine non gli fornirà un rendimento insufficiente per la quantità di sforzo che vi ha investita, è qualcosa che va al di là della presente analisi. L'ignoranza influenza senza dubbio il giudizio umano, e giocano la loro parte anche le limitazioni poste dalle circostanze e dall'ereditarietà. Ciò non toglie che la sua vita sia costituita da una sequenza di scelte, e che il valore sia la sua guida costante nella ricerca di un'esistenza migliore e più piena.

Dovremmo concludere che la sua appartenenza alla Società non è una questione di scelte, ma un evento miracoloso? È stata la predestinazione o un semplice impulso animale che ha spinto il secondo pioniere a diventare il vicino di casa del primo? Oppure è stato un giudizio basato su una certa percezione del valore? Dal punto di vista della scienza politica, e tenendo a mente la validità etica della coercizione politica, la domanda è: la Società scaturisce dalla volontà dell'uomo o dalla volontà di Dio?

Quando consideriamo i profitti della cooperazione - di cui l'uomo è giudice - chiamare in causa l'intenzione divina è gratuito, e forse malizioso. L'uomo è il miracolo, ma le sue istituzioni sono del tutto razionali. La Società è nata quando l'uomo è incappato nei benefici della specializzazione e del commercio. Questo non vuol dire che sia entrato a far parte della Società contrattualmente, proprio come si potrebbe entrare a far parte di un club; ma è piuttosto la sua volontà di vivere che lo spinge a partecipare ai benefici del mercato. È il suo senso del valore che trasforma un branco di individui in un gruppo cooperante.

Capitolo 6

L'umanità del commercio

Qualunque posto ove due ragazzi si trovino a scambiare dei tappi per delle biglie, può considerarsi un mercato. Il semplice baratto, in termini di felicità umana, non è diverso da una transazione commerciale che coinvolge operazioni bancarie, assicurazioni, navi, ferrovie, stabilimenti all'ingrosso ed al dettaglio; poiché in ogni caso l'effetto e lo scopo del commercio è quello di soddisfare un certo bisogno. Il ragazzo con una manciata di biglie ha un deficit di felicità a causa della mancanza di tappi, mentre l'altro è altrettanto insoddisfatto a causa del suo bisogno di biglie; entrambi stanno meglio dopo lo scambio.

Allo stesso modo, l'operaio di Detroit che ha contribuito a costruire uno stock di automobili ora in magazzino non sta meglio grazie ai suoi sforzi fino a quando il prodotto non viene spedito in Brasile in cambio della sua tazza giornaliera di caffè. Il commercio non è altro che la cessione di ciò che si ha in abbondanza per ottenere qualcos'altro che si desidera. È tanto appropriato ringraziare (per lo scambio *ndr*) sia per l'acquirente che per il venditore. Il mercato non è necessariamente un luogo specifico, anche se ogni operazione deve avvenire da qualche parte. Si tratta più precisamente di un sistema di canalizzazione di beni o servizi da un operatore ad un altro, dal produttore al consumatore, da dove esiste una sovrabbondanza a dove c'è un bisogno. È un metodo ideato dall'uomo nella sua ricerca della felicità per diffondere il benessere, e che funziona solo grazie all'istinto umano del valore. La sua funzione non è solo quella di trasferire la proprietà da una persona ad un'altra, ma anche di indirizzare il corso degli sforzi umani; perché i prezzi indicati su un grafico di mercato registrano i desideri delle persone, nonché l'intensità di questi desideri, e così permettono ad altre persone (in cerca di un profitto per sé stesse) di venire a conoscenza del modo migliore per impiegare sé stesse.

Vivere senza il commercio sarebbe possibile, seppur complicato; nella migliore delle ipotesi, sarebbe garantirebbe la mera sussistenza. Prima dell'avvento del mercato, gli uomini erano ridotti a tirare avanti con ciò che potevano trovare in natura per quanto riguarda il cibo e l'abbigliamento; niente di più. Ma la volontà di vivere non è mera volontà di esistere; è piuttosto uno stimolo a spendersi in ogni modo per raggiungere un godimento più pieno della vita, ed è col commercio che questo istinto interiore raggiunge un certo grado di appagamento. Maggiore è il volume e la fluidità delle transazioni nel mercato, più alto sarà il livello salariale della Società; e, nella misura in cui beni e servizi generano felicità, più alto è il livello dei salari maggiore è il grado di felicità.

L'importanza del mercato per il pieno godimento della vita è illustrata da una consuetudine, che Franz Oppenheimer nota in *The State*. Nell'antichità, nei giorni ritenuti sacri, il mercato ed i suoi ingressi erano considerati inviolabili anche da parte dei ladri professionisti; anzi, uscendo dal personaggio, questi ladri agivano come poliziotti sulle rotte commerciali, facendo in modo che i commercianti ed i carovanieri non venissero molestati. Perché? Perché avevano accumulato una sovrabbondanza di refurtiva di un certo tipo, più di quanta potessero consumare, e il modo più semplice per trasformarla in altre soddisfazioni era attraverso il commercio. Il troppo, di qualunque cosa, è pur sempre troppo.

Il mercato non serve solo a condividere gli eccessi di produzione resi possibili dalla specializzazione umana, ma è anche un distributore delle munificenze della natura. Perché, seppur con i suoi modi imperscrutabili, la natura ha diffuso le materie prime, con le quali gli esseri umani vivono, su tutta la superficie terrestre; se non fosse stata concepita una qualche logica per la distribuzione di queste materie prime, esse non avrebbero avuto alcuna utilità per la razza umana. Così, attraverso il commercio, il pesce, dal mare, raggiunge il tavolo del minatore ed il carburante, dalla miniera dell'entroterra o dai pozzi, arriva alle caldaie della barca da pesca; i frutti tropicali sono messi a disposizione dei popoli del nord, le cui miniere di ferro, trasformato in strumenti, rendono più facile la produzione industriale ai tropici. È attraverso il commercio che le riserve naturali sono rese accessibili a tutti i popoli del mondo e che la vita su questo pianeta diventa ancora più piacevole.

Dicendo commercio tendiamo a pensare al baratto di cose tangibili semplicemente perché questa è la cosa più ovvia. Ma un correlativo dello scambio di beni materiali è lo scambio di idee, dell'accumulo di competenze e cultura tra le parti coinvolte nella transazione. In effetti, nelle merci è contenuto l'ingegno dei produttori; le eccellenti lane importate dall'Inghilterra portano prove dei segreti fondamentali dell'arte della tessitura, e le sete Giapponesi suscitano curiosità per le tecniche alla base della loro lavorazione. Acquisiamo conoscenza delle persone attraverso i beni che riceviamo da loro. Oltre al dato commerciale, c'è il fatto che lo scambio coinvolge una rete di esseri umani; e quando gli esseri umani si incontrano, o fisicamente o tramite mezzi di comunicazione, vengono scambiate idee. L'incontro è l'olio che lubrifica ogni operazione di mercato.

Fu solo dopo che Cuba e le Filippine entrarono nella nostra orbita commerciale che si animò l'interesse per la lingua spagnola e per i costumi di quei luoghi, e l'interesse è aumentato in proporzione al volume dei nostri scambi commerciali con il Sud America. Di conseguenza, gli americani della generazione attuale hanno familiarità con i balli e la musica spagnola così come i loro antenati, sotto l'influenza dei contatti commerciali con l'Europa, l'avevano con il minuetto francese ed il valzer viennese. Quando le navi cominciarono ad arrivare dal Giappone, portarono con sé storie di un popolo interessante, storie che arricchirono la nostra letteratura, ampliarono i nostri concetti d'arte, e contribuirono al nostro repertorio operistico.

Non è che il commercio in sé richieda una certa comprensione dei costumi del popolo con il quale si negozia, sono le merci che suscitano la curiosità per la loro fonte, e le navi cariche di merci sono seguite da altri esploratori che portano delle idee; il porto aperto è come un magnete per i curiosi. Per questo motivo, la tendenza del commercio è quella di abbattere la ristrettezza del provincialismo e liquidare la diffidenza dovuta all'ignoranza. La Società, quindi, nella sua accezione più completa, comprende tutti coloro che per migliorare le loro diverse circostanze si dedicano al commercio con un altro popolo; il suo carattere espansivo tende al mix delle eterogenee culture dei commercianti. Il mercato unifica la Società.

La concentrazione della popolazione determina il carattere della Società solo perché facilita lo scambio di contiguità. Ma la contiguità è una questione relativa, a seconda del modo di stabilire i contatti; la neutralizzazione di tempo e spazio con mezzi artificiali rende il mondo intero contiguo. L'isolazionismo che alleva una cultura strettamente autoctona e una diffidenza verso le culture esterne si sgretola tanto velocemente quanto le navi, i treni, e gli aerei portano le merci e le idee.

Il perimetro della Società non è fissato dalle frontiere politiche ma dal raggio dei suoi contatti commerciali. Tutte le persone che commerciano l'una con l'altra sono, per questo, portate all'aggregazione.

Il punto viene evidenziato da una tipica strategia di guerra. L'obiettivo primario di uno Stato è quello di distruggere i meccanismi di mercato del nemico; la distruzione del suo esercito diventa solo accessoria. L'esercito potrebbe benissimo essere lasciato intatto se i suoi mezzi di comunicazione interna fossero distrutti, i suoi punti di ingresso bloccati, in modo che la produzione specializzata, che dipende a sua volta dalla possibilità di scambi commerciali, non potesse più essere praticata; la gente, ridotta a una condizione di vita primitiva, perde la volontà di fare la guerra e chiede la pace. Questo è lo schema generale di tutte le guerre. Più è integrata l'economia più forte sarà la nazione in guerra, semplicemente a causa della sua capacità di produrre un'abbondanza di attrezzature militari e beni economici; se, invece, la sua capacità di produrre viene distrutta, se il flusso di merci viene interrotto, essa sarà più suscettibile alla sconfitta, perché il suo popolo, ormai non abituato a condizioni precedenti il mercato, verrà più facilmente scoraggiato. Perde così di significato la questione se siano più necessarie le "armi" o il "burro" per la prosecuzione della guerra.

Ne consegue che qualsiasi interferenza con il funzionamento del mercato è analoga ad un atto di guerra. Un dazio è un atto del genere. Quando siamo "protetti" dalla carne Argentina, l'effetto (come previsto) è quello di rendere più difficile ottenere la carne bovina, e questo è esattamente ciò che farebbe un esercito invasore. Dato che la tassa non diminuisce il nostro desiderio per le carni bovine, siamo costretti dalla minore offerta ad impiegare più lavoro per soddisfare quel desiderio; la nostra gamma di possibilità viene ridotta, perché siamo di fronte alla scelta di consumare meno carne o di astenerci dal godimento di qualche altro "bene". La mancanza di abbondanza di carne sul mercato riduce il potere d'acquisto del nostro lavoro.

Siamo più poveri, anche se ad essere bloccati sono i porti di un'altra nazione.

Inoltre, dal momento che ogni consumatore è al tempo stesso un venditore, e viceversa, il divieto imposto contro la loro carne rende difficile agli Argentini l'acquisto delle nostre automobili, e in questo modo limita questa manifestazione delle nostre competenze. L'effetto di un dazio è quello di portare un potenziale acquirente fuori dal mercato. La tesi secondo cui la "protezione" fornisce posti di lavoro è palesemente falsa. È il consumatore che dà al lavoratore un lavoro, e, fintanto che si parla di fornire occupazione produttiva, il consumatore a cui viene impedito il consumo potrebbe anche essere morto.

Per inciso, è il lavoro che vogliamo, o la carne? Il nostro istinto è quello di ottenere il massimo dalla vita con il minimo dispendio di energie. Lavoriamo solo perché lo vogliamo; la possibilità di produrre non è una benedizione, è una necessità. Né il mercato interno, né il produttore estero mettono alcunché direttamente a nostra disposizione. C'è un prezzo per tutto ciò che vogliamo e il prezzo è sempre il lavoro. Qualunque cosa ci costringa ad impiegare più risorse per acquistare una determinata quantità o un certo tipo di soddisfazioni non è desiderabile, poiché entra in conflitto con la naturale tendenza umana a una vita che sia la più ricca possibile. Un dazio, un embargo, una quota all'importazione o il moderno meccanismo secondo cui aumentiamo il prezzo delle merci straniere abbassando arbitrariamente il valore della nostra moneta, non fanno altro che questo. Qualsiasi restrizione del commercio, interno o esterno, fa violenza all'istinto primordiale dell'uomo verso il miglioramento della sua situazione.

Proprio come il commercio unisce le persone, tendendo a minimizzare le differenze culturali, e contribuisce alla comprensione reciproca, allo stesso modo gli ostacoli al commercio hanno l'effetto opposto. Se il cliente *ha sempre ragione*, è facile supporre che, con colui il quale non conclude un acquisto, sia intercorso qualche ostacolo alla transazione. Le colpe di coloro che rifiutano di fare affari con noi non vengono interpretate solo nella prospettiva di una perdita, ma anche in quella di un affronto personale.

Se il ragazzo con i tappi si rifiuta di scambiare con il ragazzo che ha le biglie, questi non riusciranno a giocare insieme; e questa *desocializzazione* può facilmente innescare una discussione sui tratti negativi e i difetti dei rispettivi cani o genitori. Esattamente come tutte le nostre proteste relative al buon vicinato, l'Argentino ha i suoi dubbi circa le nostre intenzioni quando gli chiudiamo le nostre porte commerciali; costretto a guardare altrove per un'amicizia più sostanziale, diventerà meno incline alla comprensione della nostra cultura nazionale.

Il sottoprodotto dell'isolazionismo commerciale è la sensazione che lo "straniero" sia un "tipo diverso" di persona, e quindi inferiore, con il quale il contatto sociale non è solo poco auspicabile, ma addirittura pericoloso. Fino a che punto questa segregazione delle persone causata da restrizioni al commercio sia causa di guerra è una questione controversa, ma non ci può essere alcun dubbio che tali restrizioni risultino irritanti e che possono dare più plausibilità ad altre cause di guerra; non ha senso attaccare un buon cliente, uno che compra gran quantità di nostri prodotti e paga i conti regolarmente. Forse l'eliminazione delle restrizioni agli scambi commerciali in tutto il mondo sarebbe più utile alla causa della pace universale rispetto a una qualsiasi unione politica dei popoli separati da barriere commerciali; anzi, può esistere un'unione politica sostenibile mentre esistono queste barriere? E, se la libertà di commercio fosse una pratica universale, sarebbe davvero necessaria un'unione politica?

Cerchiamo di verificare le affermazioni dei "protezionisti" con un esperimento di logica. Se un popolo prospera in base alla quantità di beni stranieri che non gli è permesso avere, allora un embargo totale, piuttosto che una restrizione, sarebbe ciò che gli procurerebbe il massimo vantaggio. Proseguendo su questa linea di ragionamento, non sarebbe meglio se ogni comunità fosse ermeticamente sigillata rispetto a quelle vicine, ad esempio Philadelphia da New York? Meglio ancora, tutte le famiglie non avrebbero più cose sul proprio tavolo se fossero costrette a sostentarsi con la loro propria produzione? Nonostante quanto questa *reductio ad absurdum* sia sciocca, non è più sciocca della tesi "protezionista" secondo cui una nazione si arricchisce grazie alla quantità di merci estere che tiene fuori dal suo mercato, o della tesi della "bilancia commerciale" secondo cui una nazione prospera in seguito ai soli eccessi delle sue esportazioni rispetto alle importazioni.

Eppure, se ci si stacca mentalmente dai miti consolidati, vediamo che gli atti di isolazionismo così come descritti nel nostro sillogismo non sono infrequenti. Un esempio noto di questo è l'*octroi* Francese, una tassa che veniva riscossa sui prodotti che si trasferivano da un quartiere all'altro. Con il pretesto delle normative di "quarantena", la Florida e la California hanno reciprocamente escluso gli agrumi coltivati nei due Stati. I sindacati sono sostenitori violenti del benessere tramite la scarsità, come quando limitano, con la violenza diretta o con leggi che hanno contribuito ad emanare, l'importazione di beni realizzati al di fuori della loro giurisdizione. Una tassa sui camion che entrano in uno Stato da un altro è perfettamente in linea con tale ragionamento. Allo stesso modo la teoria protezionista della "recinzione" viene accettata e interiorizzata, dimostrando con questi fatti come la nostra *reductio ad absurdum* non sia così peregrina. Al mercato, naturalmente, poco importa di tali misure che generano scarsità di risorse, esso non produrrà più di quanto riuscirà ad ottenere; se la sua offerta è resa scarsa dalle restrizioni commerciali, ciò che rimane diventa sempre più difficile da ottenere, e richiede una quantità maggiore di lavoro per essere acquistato. Il livello salariale reale della Società si abbassa.

Il mito del "protezionismo" si fonda sul concetto che l'inizio e la fine di tutta la vita umana sia il lavoro, non il consumo - e non certo il tempo libero. Se fosse così, allora gli schiavi che costruirono le piramidi sarebbero stati in una condizione ideale; lavoravano molto e ricevevano poco. Allo stesso modo, i Russi incatenati ai "piani quinquennali" avrebbero raggiunto il paradiso in terra, e così anche i lavoratori che, durante la Depressione, venivano messi a spostare terra da un lato all'altro della strada.

Estendendo il concetto secondo cui il lavoro per amore del lavoro è la strada per la prosperità, allora un popolo sarebbe più prospero se tutti gli individui lavorassero a progetti che non abbiano alcun riferimento al loro senso individuale del valore. Ciò che viene eufemisticamente chiamata "produzione di guerra" ne è un esempio calzante; non esiste infatti nulla di simile, dato che lo scopo della produzione è il consumo; e non è provato che alcun lavoratore che abbia costruito una corazzata l'abbia fatto perché la volesse e perché volesse dimostrare il suo desiderio per essa, rinunciando volentieri a qualcosa in cambio. Tenendo presente l'esaltazione del lavoro, un popolo non starebbe meglio se tutti fossero impegnati a costruire navi da guerra in cambio delle cose necessarie che consentano loro di continuare a costruire navi da guerra? Di certo non sarebbero disoccupati.

Eppure, se pensassimo che la spinta naturale dell'individuo a migliorare le sue condizioni e ad allargare i propri orizzonti, si fondi sulla sola legge naturale della parsimonia (il massimo del guadagno con il minimo sforzo), saremmo costretti a concludere che lo sforzo che non contribuisce direttamente alla sovrabbondanza in un determinato mercato sia uno sforzo inutile. La Società prospera grazie agli scambi commerciali, semplicemente perché rendono possibile la specializzazione, la specializzazione aumenta la produzione ed una maggiore produzione riduce il costo che gli uomini sostengono per soddisfare i propri desideri. Ciò premesso, il mercato è un'istituzione molto umana.

Capitolo 7

Finché c'è competizione...

Le tecniche del mercato si evolvono con l'incessante desiderio dell'uomo verso una vita più ricca e più piena. Una tecnica che svolge un ruolo importante in questo obiettivo generale è la concorrenza, o la gara tra gli specialisti per il favore della comunità. Anche se i concorrenti sono motivati da interessi personali, ognuno cerca di comprendere le abitudini dei suoi simili, l'effetto della rivalità è quello di portare l'abbondanza nel mercato, a tutto vantaggio della Società. Perché ciò che offre venga favorito rispetto a ciò che offrono gli altri, nella stessa linea produttiva, ogni concorrente cerca di migliorare la sua capacità di produzione, per quantità o qualità; ognuno cerca di migliorare la sua competenza.

Ma, cos'è la competenza, e come viene determinata da coloro che cercano un commercio? Scendendo alla base delle definizioni, la competenza è la qualità delle prestazioni, e la parola viene generalmente utilizzata per designare una qualità alta. Il suo opposto è l'incompetenza, una qualità bassa, e nel mezzo ci devono essere un certo numero di gradazioni. Una performance è buona o cattiva, competente o incompetente, ma solo in confronto ad altre performance.

Se Smith è il solo ciabattino in città, e noi non sappiamo come lavorano quelli delle altre città, come possiamo giudicare la sua abilità? Il meglio che possiamo fare date le circostanze è confrontare le sue prestazioni con ciò che potremmo fare noi da ciabattini amatoriali. Ammettiamo che il nostro calzolaio monopolista sia una persona perbene e che faccia del suo meglio per le nostre calzature. Ma non ha alcun obbligo a fare meglio, e il suo meglio può essere determinato dalla sua coscienza o dallo stato della sua salute. Come al resto di noi, non gli piacciono i fastidi e la stanchezza che la fatica comporta e cerca di cavarsela con il minimo sforzo. Dal momento che non possiamo rivolgerci altrove, e Smith ne è consapevole, la sua inclinazione naturale sarà quella di lasciare le cose come stanno riguardo al suo lavoro, e di fissare i propri prezzi seguendo la regola de "il massimo che si possa ottenere". Il solo limite al suo impulso monopolistico è la possibilità di spingere i propri clienti a contare sulle proprie forze per la riparazione delle calzature ponendo così terminare al commercio con loro.

Solo quando Brown apre un negozio rivale in città, Smith è costretto a esaminare e dimostrare la sua competenza. Per attirare commercio verso di sé il nuovo arrivato o abbassa i prezzi rispetto al precedente monopolio o migliora la qualità del suo lavoro; il secondo allora reagisce offrendo di risuolare le scarpe con "riparazioni lampo"; Brown inventa, o acquista da un inventore, una macchina che gli permette di tagliare i costi del suo lavoro, assicurandosi più lavoro in un dato tempo, e chiedendo quindi meno di Smith, e così via. Ognuno migliorerà la sua performance in qualche modo, non per compassione per i suoi clienti, ma per il proprio benessere. Tuttavia, è la comunità che trae profitto dal miglioramento degli standard e mostra il suo apprezzamento frequentando lo specialista che, tutto sommato, serve meglio i suoi interessi. Viene applaudita la prestazione, non l'esecutore.

La misura pratica della competenza è il conto dei profitti e delle perdite del concorrente, perché in esso vengono registrati i voti favorevoli o sfavorevoli della Società in cui egli opera. Pertanto, il reddito del meccanico rispecchia le riparazioni che ha effettuato, i profitti del produttore provano la sua capacità di produrre ciò che si vuole, lo stipendio del genio manageriale scaturisce dalla linea di produzione. Ognuno di essi è stato premiato dalla Società per la sua performance, rispetto alle prestazioni dei loro concorrenti, e il loro guadagno è una prova sufficiente che la Società ne ha guadagnato. Ne consegue che una Società di concorrenti benestanti è quella in cui il livello dei salari, ovvero il fondo generale di soddisfazioni, è alto.

L'arrivo di Brown può essere un vantaggio per la comunità, ma per Smith è una sconfitta. Finora, la sua abilità artigianale e il prezzo del suo servizio erano fissati dalla sua propria convenienza, ma ora è costretto a soddisfare gli standard stabiliti da un altro. L'impulso monopolistico in lui, che egli condivide con tutti gli esseri umani, viene disturbato. Pertanto, Smith è incline ad impedire che Brown offra il proprio servizio, che si pone in competizione con la sua attività commerciale, e in condizioni primitive potrebbe ricorrere alle armi per impedirlo. Dal momento che una Società in crescita disapprova tali metodi rozzi, si rivolge ad un uso più sofisticato della forza: convincere i suoi vicini che la scarsità in qualche modo migliora la loro sorte; che dovrebbe essere incoraggiato il "lavoro locale"; che Brown è un essere umano inferiore e quindi un danno alla comunità; che i prezzi più bassi mettono in pericolo "l'economia generale". Forse la sua tesi è convincente perché ognuno dei suoi vicini nutre la speranza di ottenere una propria posizione di monopolio, da cui ottenere qualcosa in cambio di niente, in ogni caso, riesce a usare la forza collettiva per raggiungere il suo scopo privato. E così si generano le leggi sulla scarsità di produzione, come le tariffe protettive, le leggi di esclusione, il divieto di dispositivi che farebbero risparmiare lavoro, le restrizioni al commercio, o le tasse sulle imprese. E quindi o a Brown viene impedito di offrire i suoi servizi alla comunità, o i suoi beni vengono tenuti fuori dal mercato, o viene imposta una tassa sui suoi macchinari migliori - o forse un sindacato gli impedisce di utilizzarli. In ogni caso è con la forza che Smith mantiene la sua comoda posizione di monopolio, è la forza che impedisce alla concorrenza di arricchire il mercato.

Per una strana circostanza tali misure produttrici di scarsità non vengono applicate in modo automatico, questo perché semplicemente l'impulso monopolistico è controbilanciato dalla più forte spinta dell'essere umano verso l'abbondanza, sicché il conflitto tra questi due impulsi sfocia in una violazione della legge (protezionista) da parte di coloro che hanno voluto una simile legge. Ecco allora la pratica del contrabbando, dell'evasione fiscale, del contrabbando di alcolici, come pure il ricorso a sostituti per il prodotto reso scarso dal monopolio. Non sorprende che i vicini di Smith, che lo hanno aiutato ad evitare la concorrenza, allo stesso tempo si avvalgono di questi subdoli metodi per usufruire anche dei servizi di Brown.

Quando viene consolidata una posizione di monopolio, quando la concorrenza viene eliminata o ristretta, il termine "competenza" acquista un nuovo significato. Non indica più uno standard per le prestazioni stabilito dal mercato. Il monopolista, chi control la la fornitura di un bene o di un servizio desiderati, regola la sua prestazione secondo una formula chiara: il prezzo più alto, che gli renderà il più alto profitto. Se aumenta la produzione oltre un punto predeterminato, deve ridurre il prezzo in modo da indurre un maggiore consumo, e non ci guadagna nulla. Se aumenta il prezzo, il consumo calerà e così anche il suo utile netto. La competenza in un monopolio consiste quindi nel trovare (con il metodo "a tentativi") l'esatto rapporto profitti/rendimenti tra prezzo e prestazioni. Il sistema profitti/perdite di un'attività in un monopolio riflette solo in parte il servizio che ha reso alla Società; include anche un prezzo di esazione reso possibile dalla scarsità che è in grado di causare.[1]

La chiave del monopolio è la scarsità. Alcune scarsità sono naturali, come i depositi di minerali e gli appezzamenti di terra; non c'è alcun modo di duplicarli. La proprietà o il controllo di queste limitate opportunità di produzione consente al monopolista di esigere un prezzo di affitto per il loro uso. Il prezzo di affitto è fissato in relazione alla loro scarsità - o alla resa di qualsiasi dato sito rispetto a quella di qualsiasi altro sito disponibile per l'uso. In fin dei conti, il prezzo di affitto è fissato dalla competizione tra gli utenti o i produttori per il possesso esclusivo di questi luoghi.

Altre scarsità sono dichiarate tali per legge, ed il meccanismo con cui vengono create è sempre una limitazione coercitiva della concorrenza. Anche se le misure restrittive sono a volte inventate da individui o gruppi in cerca di un prezzo di monopolio, queste sono di scarso effetto, fino a quando non vengono attuate con il braccio forte della legge, come accade quando impone regole commerciali, quando cerca di fissare i prezzi, quando sovvenziona i produttori inefficienti a scapito di quelli efficienti, quando consente ai sindacati

---

1 Il concorrente, come il monopolista, cerca il prezzo più alto che gli renderà il più alto profitto netto. Ma, poiché non è in grado di controllare l'offerta, e quindi indurre scarsità, il suo prezzo più alto è quello che la concorrenza gli permetterà di chiedere, che è sempre inferiore a quello che gli sarebbe piaciuto chiedere. In un mercato competitivo, l'utile netto si riduce all'interesse sugli investimenti, alla sostituzione del capitale, ed al salario della soprintendenza. Solo in un monopolio c'è un "piccolo extra".

del lavoro di porre dei limiti all'impresa, oppure quando concede privilegi speciali a degli individui privilegiati. Questo ci porta a considerare il ruolo che l'organizzazione politica della Società svolge nella sua economia, cosa che però dobbiamo lasciare ad un capitolo successivo. Per il momento, accantoniamo la questione con questa osservazione: il bisogno dell'uomo per l'abbondanza attraverso la competizione non può venire efficacemente bloccato senza l'aiuto della legge. Cioè, ogni strumento che favorisce la scarsità si basa sulla coercizione politica.

Infatti, coloro che denigrano la concorrenza per motivi pseudo-umanitari si rivolgono alla legge per limitare la concorrenza, anche mentre chiedono alla legge di impedire le rendite monopolistiche rese possibili da tale limitazione. La loro tesi è che coloro che sono in possesso di capacità inferiori partono con un handicap nella lotta competitiva e verranno feriti, a meno che il più competente non venga incatenato (a volte esortano a scoraggiare l'iniziativa proponendo di tassare i profitti che portano ad essa, altre volte contemplano l'impossibile compito di sradicare del tutto la ricerca del profitto). Ma come può un membro della Società essere ferito dall'abbondanza nel mercato? Se Brown, a causa della sua maggiore abilità, porta via a Smith il commercio delle calzature, il suo successo è anche la prova che ha reso un miglior servizio ai membri della comunità; stanno meglio grazie alla sua efficienza. Ha prodotto scarpe migliori, o una maggiore varietà di stili e di dimensioni, o attraverso metodi avanzati ha ridotto i costi e ha diminuito i prezzi. Ma la sua efficienza non ha senso a meno che non vengano comprate le sue scarpe; comprare le sue scarpe vuol dire che esse hanno prodotto qualcosa che egli voleva. Vale a dire, un aumento della produzione di una cosa desiderabile prevede la produzione di altre cose desiderabili. Nel caso di Brown, il suo fiorente commercio di calzature richiede la produzione di maggiori calzature, scatole di scarpe, e servizi extra di altri, per non parlare dello stimolo per servizi come i trasporti, la contabilità, le vendite; inoltre, deve assumere più persone per le sue operazioni. In questa profusione di attività, Smith è sicuro di trovare un'occupazione remunerativa di qualche tipo, e sebbene il suo orgoglio possa soffrire per il fatto di non essere riuscito a tenere il passo con lo standard di Brown, il suo benessere è accresciuto. Il vecchio detto recita che "la concorrenza fa bene agli affari", e quando gli affari sono "buoni" tutta la Società prospera.

A coloro che avversano la concorrenza piace sottolineare il fatto che i grandi aggregati di capitali mettono i "piccoli" in svantaggio; perché con i mezzi a sua disposizione chi è grande e grosso" è in grado di acquistare le materie prime in grandi quantità e quindi ad un prezzo più basso, di mettere in cantiere macchinari più avanzati, di investire in campagne di vendita più costose. Abbastanza vero. Mettendo da parte il fatto che tutto questo significa solo una maggiore produzione a vantaggio della Società, i dati dimostrano che la grandezza di per sé impone restrizioni alla produzione; uno stabilimento poderoso non ha la flessibilità necessaria per soddisfare i capricci del desiderio umano. Brown, il produttore di scarpe di grandi dimensioni, non può soddisfare il piede che non è conforme a qualche norma o i capricci di qualche acquirente esigente. Il suo stabilimento è orientato alla produzione di massa. È Smith, che o non ha scelto di diventare un produttore industriale, oppure non è adattato a questo ruolo, che deve servire questa clientela, che cresce sempre in proporzione all'aumento della ricchezza nella comunità; il numero di stabilimenti di piccole dimensioni o di "negozi di specialità" va di pari passo con il numero e le dimensioni delle grandi unità industriali. Infatti, lo stabilimento grande ammette i suoi limiti quando lascia al suo concorrente più piccolo i lavori che non può fare nel modo più efficiente.

Non c'è nulla di male nella concorrenza che la concorrenza non possa curare. I difetti della concorrenza sono gli ostacoli che vengono messi lungo il suo cammino con la forza - i vincoli, le tasse ed i regolamenti che ostacolano alcuni concorrenti e danno agli altri una posizione di monopolio o di quasi-monopolio. La concorrenza serve al meglio la Società quando è libera. Nel campo delle soddisfazioni culturali nessuno proporrebbe che la concorrenza venisse incatenata, che il miglior cantante fosse costretto ad esibirsi in condizioni acustiche peggiori rispetto a quelle offerte al secondo migliore, o che le differenze nella capacità artistiche fossero equiparate per legge. Vi è un consenso comune che in quelle occupazioni il verdetto imparziale del mercato è definitivo, anche se decide che il giocatore di baseball inferiore servirebbe meglio la Società, e se stesso, se guidasse un camion. Dal momento che l'aspettativa delle ricompense materiali (la ricerca del profitto) gioca un ruolo importante nello stimolare una auspicabile concorrenza tra questi specialisti culturali, ne dovrebbe seguire che è altrettanto auspicabile la concorrenza fra coloro che sono impegnati nella produzione di beni materiali. Anche l'artista cerca di soddisfare i suoi desideri con il minimo sforzo.

Per quanto riguarda l'umanitarismo, la libera concorrenza è raccomandabile per il fatto che coloro che sono necessariamente al di fuori del settore della produzione, o parzialmente al di fuori, si trovano in ogni caso in un'economia di abbondanza piuttosto che in un'economia di scarsità. I portatori di handicap, i bambini e gli anziani devono in ogni caso essere curati, e il loro destino è migliore in una famiglia in cui la dispensa è piena.

Per ribadire: questo non pretende di essere un libro sull'economia. È piuttosto un tentativo di dimostrare che l'economia gioca una grande, se non un'importante, parte nella formazione e nello sviluppo delle integrazioni e delle istituzioni sociali e a tal fine era necessario definire, in generale, i principi economici che influiscono su questa tesi.

Qualsiasi richiesta di informazioni sulla natura o sulla ragione della Società (e sulle sue conseguenti istituzioni politiche) deve iniziare con un esame della sua singola unità, l'individuo. Qualsiasi altra soluzione sarebbe campata in aria. Ma l'individuo dimostra di essere un fenomeno piuttosto complicato, con caratteristiche variabili e sfuggenti, gettando una luce variegata sulle sue abitudini sociali. Dobbiamo metterle da parte e cercare, nel corso della storia o dovunque lo troviamo, uno schema costante nel suo comportamento. Questa, e non vi può essere alcun dubbio al riguardo, è la sua preoccupazione per tutta la vita: guadagnarsi da vivere. La sua volontà di vivere lo costringe ad essere un "uomo economico". Anche gli aspetti immateriali del suo carattere - metafisica, cultura e spiritualità - sono in un modo o nell'altro legati al modo in cui si arrangia a guadagnarsi da vivere. La costanza della sua preoccupazione per l'economia indica che essa deve essere il fondamento su cui costruisce il suo ambiente sociale, tutto il resto è sovrastruttura.

La Società, dunque, è fondamentalmente un fenomeno economico. Si tratta di un aggregato di individui che, mediante le tecniche che emergono dalla cooperazione, migliorano le loro circostanze.

Si tratta di un mezzo per alzare il livello generale dei salari; se non avesse tale risultato tenderebbe a disintegrarsi. Le integrazioni sociali che noi chiamiamo primitive sono quelle in cui le tecniche economiche non sono state sviluppate, per una ragione o per un'altra, mentre la Società avanzata è una società che le sfrutta nel modo più completo. Una Società perfetta, o tanto perfetta quanto la conoscenza umana può realizzarla, sarebbe quella in cui queste tecniche, chiamate collettivamente mercato, funzionerebbero senza attrito; questo il mondo non l'ha ancora visto, per ragioni che saranno esplorate nei capitoli successivi.

Capitolo 8

Governo e proprietà

Come tutti sanno, un'analogia non rappresenta né un'evidenza né una prova. Eppure sin dai tempi di Aristotele è stata pratica comune tra i politologi utilizzare un'analogia per sostenere una teoria sull'origine del Governo; cioè, che il Governo si sia originato dall'organizzazione familiare. Ovviamente, non vi è alcuna evidenza storica di causa/effetto tra le due istituzioni; tutto quello che abbiamo è un'ipotesi non provata che si basa su una presunta somiglianza tra l'autorità genitoriale e l'autorità del Governo. Tuttavia, tale ipotesi si smentisce, quando si prende in considerazione il fattore biologico dell'autorità parentale. Il figlio cerca la guida del genitore semplicemente perché l'adolescenza è un'età ricca di inadeguatezze ed insicurezze, e cerca o accetta l'autorità come una questione di necessità. Il Governo non ha una simile pretesa sui suoi cittadini, né la lealtà di questi ultimi è in nessun modo analoga alla devozione filiale. Anche la relazione padre/figlio viene perturbata quando il secondo raggiunge la maturità e raggiunge l'autosufficienza, una condizione in cui l'autorità diminuisce e scompare; la lealtà dei cittadini nei confronti del Governo non è connessa alla loro età o alla loro capacità di prendersi cura di sé stessi. Chiarito che questa analogia è inadeguata, bisogna guardare altrove per trovare una qualche spiegazione all'esistenza del Governo.

Quando guardiamo l'emergere di questa istituzione dalla Società embrionale, quella che è sorta sulla nostra frontiera occidentale.

Troviamo qualche indizio sulla nascita del Governo quando guardiamo l'emergere di questa istituzione dalla Società embrionale, come è accaduto sulla nostra frontiera occidentale. All'inizio, quando i nostri pionieri si insediarono per cercare di sopravvivere in zone inospitali, la minuscola Società risultante andò avanti senza alcuna autorità organizzata. C'era solo l'autorità individuale, rappresentata dalla pistola che il pioniere aveva nella fondina. Questo strumento rappresentava un capitale, uno strumento per assicurarsi che il cibo arrivasse sulla tavola o le pellicce andassero nel guardaroba. Il suo utilizzo, però, non si limitava a questo scopo produttivo; quando se ne presentava l'occasione, il pioniere la usava per proteggere le sue proprietà e la sua vita, e quando usata per questo scopo serviva ad opporre la sua volontà a quella del ladro. Era la sua autorità contro quella di un altro.

Il governo è l'autorità, e l'autorità, in questo senso, è l'imposizione della propria volontà contro quella di un altro, in modo da indurre un comportamento ritenuto opportuno o per prevenire un comportamento ritenuto indesiderabile. Indipendentemente dalla forma di Governo, sia che l'autorità sia esercitata da un capo o da un monarca o da un funzionario eletto, sia che l'obiettivo sia quello di soddisfare un proprio capriccio o quello di far rispettare una legge, sia che esista o meno la sanzione del pubblico, l'azione stessa rappresenta una volontà opposta ad un'altra. E anche se l'autorità è accettata e prontamente rispettata, è l'uso o la minaccia della forza che conferisce all'autorità la sua sostanza. Pertanto, quando il pioniere faceva uso della sua arma per contrastare i fini di un ladro, stava effettivamente agendo in qualità di Governo; esercitava tutta la forza a sua disposizione per ottenere conformità alla sua volontà.

Proteggeva la vita e la proprietà. Il valore che l'individuo riconosce alla vita è istintivo e primordiale, e la sua preoccupazione per la propria sicurezza non necessita di ulteriori spiegazioni. Ma come si spiega il suo interesse per la proprietà, qualcosa al di fuori di sé stesso? Perché mette a rischio la propria vita o subisce le avversità del fato pur di conservare e godere della proprietà? Ciò richiede una spiegazione del concetto di proprietà e la comprensione della relazione che l'individuo ha con essa, cosa di cui ci occuperemo più in là. Adesso ci basta solo evidenziare che il Governo non entra in gioco fino a quando la proprietà non diventa un fattore nelle integrazioni sociali, e che non viene richiesta la sua autorità fino a quando la proprietà non diventa cruciale per il perseguimento della felicità; è così che sono collegati i concetti di proprietà e Governo. Ci sarebbe ancora bisogno del Governo se l'individuo potesse fare a meno della proprietà?

La preoccupazione primaria del pioniere è la produzione; il bisogno di dividersi tra la produzione e la protezione è una sorta di seccatura; non vi è alcun profitto. Il tempo e lo sforzo profuso nella vigilanza potrebbero essere meglio usati in un granaio o in cucina, e così nasce il pensiero che forse sarebbe più redditizio se lasciasse la pistola, il suo strumento di autorità, nelle mani di uno specialista. I suoi vicini la pensano allo stesso modo. Tristi esperienze hanno insegnato loro che l'abbondanza è come un magnete per quelle persone che vogliono soddisfare i propri desideri senza faticare, e la preoccupazione di ogni singolo individuo per la sua proprietà diventa una preoccupazione comune. Qui entrano in gioco le forze di polizia temporanee ed i vigilanti che sono strumenti per la sicurezza collettiva. La caratteristica fondamentale di questo strumento è l'uso della forza per impedire comportamenti nocivi alla sopravvivenza degli individui nella comunità. Questo è il Governo. È un servizio sociale stabilito dai membri della comunità per fare quello che ognuno farebbe singolarmente se potesse, e quello che sono costretti a fare da soli prima che la comunità raggiunga un numero sufficiente di produttori in modo da poter ingaggiare uno specialista.

Il Governo volontario funziona per un po'. Ma dover interrompere le proprie attività per svolgere questo dovere diventa sempre più oneroso al crescere della comunità in dimensioni e ricchezza, ed a tempo debito il volontariato viene sostituito da uno sceriffo professionista, il cui mantenimento è meno costoso rispetto ad una interruzione della produzione. Per contratto questi viene sollevato dal contribuire al mercato, da cui trae il suo sostentamento, e in cambio di questo si impegna a dedicare il suo tempo ed il suo talento al mantenimento delle condizioni di ordine necessarie per il buon funzionamento del mercato stesso. Egli rende un servizio speciale alla comunità, diverso da tutti gli altri perché il suo unico scopo è l'esercizio dell'autorità; come sceriffo non è attrezzato per una qualsiasi attività produttiva. Il Governo è un protettore, non un produttore.[1]

1 A volte si sostiene che il Governo sia un produttore perché la sua funzione protettiva induce un clima sereno per la produzione. Questo equivale a dire che

Per scopi illustrativi, abbiamo immaginato che il ladro di cavalli o il ladro di bestiame sia un estraneo, non un membro della comunità. Ma che cosa è un ladro - dal punto di vista psicologico, e non legale? Un uomo che si rivolge alla depredazione piuttosto che alla produzione per soddisfare i propri desideri, convinto che il suo modo di agire richieda un minimo sforzo. Poiché è disinibito da un punto di vista morale o non teme una punizione, viene descritto come uno psicopatico. Che lo sia o meno, il fatto è che condivide (insieme a tutti gli altri uomini) l'inclinazione ad ottenere "qualcosa in cambio di niente", la sua è solamente un'esagerazione dell'impulso comune. La concupiscenza della proprietà di qualcun altro non si limita al furto ma è una caratteristica dell'essere umano, e quindi in ogni comunità i litigi insorgono per questioni riguardanti la proprietà, soprattutto se la struttura commerciale è altamente complessa. Nell'interesse di quella tranquillità senza la quale la produzione diventa difficile, scoraggiando gli accumuli, la comunità stabilisce una terza parte imparziale per giudicare queste e tutte le altre controversie. Il tribunale è del Governo. Pertanto, l'istituzione che è nata dalla necessità di una protezione della proprietà, assume il relativo dovere di giudice.

Dopo la nascita di una Società appare rapidamente la figura del poliziotto-giudice, e con essa emerge un insieme di regole comportamentali come cartina tornasole per i suoi membri, il tutto affinché venga agevolata la ricerca della felicità; l'occupazione di questa figura istituzionale è quella di far rispettare queste regole. Questa singolarità del Governo è approvata da tutti i servizi specializzati che compongono la Società. Ricapitolando, la Società si compone di un certo numero di produttori, ciascuno dei quali contribuisce al fondo generale della ricchezza ed è dipendente dal voto libero del mercato sui beni e i servizi che vende: non ha potere di costrizione. Il Governo è anch'esso il fornitore di un servizio specializzato, diverso da tutti gli altri in quanto non contribuisce al mercato con qualcosa di tangibile ed è dotato del monopolio della coercizione. Questa è la caratteristica peculiare del Governo, ovunque ci si trovi; per comune consenso gode del monopolio della coercizione in

l'arbitro nel calcio rasserena i giocatori a tal punto da farli giocare sereni, cosa che è manifestamente sciocca. Il potere politico, semmai possa definirsi una competenza, può regolare il comportamento umano; non è un fattore di produzione.

modo che possa impedire l'esercizio indiscriminato della coercizione da parte dei membri della comunità. Non può essere sottoposto a condizioni competitive come un'impresa produttiva, perché una coercizione competitiva rappresenterebbe una violenza competitiva, e questa è proprio la condizione che il Governo è chiamato a rimuovere. Il Governo deve essere monopolista.

Quando la Società è primitiva - cioè, la specializzazione non è sviluppata e quindi la produzione è limitata - il potere coercitivo del Governo è limitato dall'opinione pubblica. Un esempio è quello delle tribù degli Indiani d'America, in cui il capo era infatti un poliziotto-giudice investito dell'autorità di interpretare il codice tradizionale, ma sottoposto a sanzioni sociali per l'esecuzione dei suoi *dicta*. Non esisteva altro modo di applicare le regole. Un esempio più notevole è quello della costituzione israelita prima dell'avvento dei re. Le tribù erano tenute insieme da un patto volontario, e il comportamento era regolato da un codice chiamato *mishpat*, o giustizia; era un insieme di regole venute fuori da un crogiolo di esperienze. Le controversie tra le tribù erano sottoposte ai giudici, uomini che raggiungevano tale carica per via della loro fama di saggezza e integrità. Mentre sembra che non avessero alcuna autorità politica, alcun potere di coercizione, costituivano a tutti gli effetti un Governo perché il loro giudizio era eseguito automaticamente dalle stesse tribù. Anche dopo l'istituzione della regalità, contro il parere di Samuele, al loro giudice supremo non era concesso il diritto legislativo, poiché Dio era l'unico legislatore riconosciuto.

"Così", osserva Lord Acton, "l'esempio della nazione ebraica ha fissato le linee parallele lungo le quali ogni libertà è stata conquistata: la dottrina della tradizione nazionale e la dottrina di una legge superiore; il principio che una costituzione cresce dal basso, attraverso un processo di sviluppo e non da un cambiamento drastico; ed il principio che tutte le autorità politiche devono essere testate e riformate secondo un codice che non è stato fatto dall'uomo".

Il Governo non ha molto da fare in un'economia semplice; perché non c'è abbastanza produzione da suscitare cupidigia. Le beghe intestine sono relativamente esigue e poco importanti, e la povertà della tribù è la ragionevole certezza che nessuno la attaccherà. I problemi iniziano quando inizia l'accumulo. È allora che il Governo viene chiamato ad assumere un ruolo importante nella Società, un ruolo che non sarebbe difficile ricoprire se la ragione dovesse fornire una chiara definizione morale di proprietà. Per quanto riguarda quest'ultimo punto dobbiamo guardare al comportamento dell'individuo: perché pone un tale peso sulla proprietà, e su cosa basa la sua pretesa? Più specificamente, per quali motivi si aspetta che il Governo garantisca la sua proprietà?

E l'individuo risponde con un assioma: ha il diritto di vivere. Che ce l'abbia o meno non è né dimostrabile né contestabile: ogni ragionamento sul tema conduce al vicolo cieco di tutte le causalità, "la natura delle cose". Con questa ipotesi, l'individuo ha il diritto alla vita semplicemente perché la brama. Chi può contestare tale punto senza gettare dubbi sul proprio diritto all'esistenza?

Il diritto alla vita, o il diritto a sé stessi, deve significare la proprietà esclusiva su tutte le facoltà che sono identificabili con quella cosa chiamata "io": il corpo, la mente, gli appetiti, le aspirazioni, tutti i fattori della personalità. Questo particolare agglomerato di carne e anima è "mio" perché è entrato in esistenza quando "io" sono nato, un atto di Dio, e cesserà di esistere quando "io" morirò; non c'è modo di trasferire questa personalità a chiunque non sia "me". Questo è il punto fondamentale: né la scienza né la politica sono in grado di elaborare un modo per trasformare "io" in "lui" o "noi". Si è sé stessi per tutta la vita.

Il diritto alla vita non è solamente metafisico; la sua realtà rappresenta il godimento di quelle cose che, secondo i dettami della natura, rendono possibile la vita. Senza di loro, "io" scompaio. La materia prima di queste cose è correlata a "me", messa lì dalla stessa intelligenza che ha messo "me" sulla terra. Ma si dà il caso che questa profusione di materiali vivificanti risulti inadeguata fino a quando non viene trasformata in una forma adatta al consumo. "Io" devo lavorare su queste cose in modo da renderle utili alla vita; e anche se "io" mi ritrovo a fare un lavoro faticoso e indesiderabile, la volontà di vivere è così forte che questa avversione viene superata. Così una parte di "me" è impegnata in un certo qualcosa di cui "io" voglio godere; ma non sarebbe esistita e nessuno ne avrebbe goduto se qualcuno non avesse svolto un determinato lavoro. È in virtù di questo "mio" impegno che la cosa desiderabile diventa "mia". È "mia" perché l'ho fatta "io".

La proprietà delle cose, o il diritto di proprietà, gode di una validità morale solo quando si basa sul lavoro.[2] Qualsiasi altra teoria sui diritti di proprietà deve iniziare respingendo la proprietà di sé stessi e deve affermare che sia valido l'uso della forza per separare il produttore dal suo prodotto. Mettendo da parte le considerazioni morali, la proprietà che si basa sull'uso della forza è transitoria, vaga e incerta, perché deve cambiare ad ogni cambiamento nell'incidenza della forza. Lo schiavista gode della proprietà degli schiavi finché vi può esercitare coercizione; quando gli schiavi si ribellano al loro padrone, il titolo di proprietà ritorna a loro. Il ladro diventa un uomo onesto e l'uomo onesto diventa un ladro in base a chi è più forte. Ogni volta che invochiamo una regola sulla proprietà che non riconosce il rapporto tra produttore e prodotto, finiamo in contraddizione; ci ritroviamo in terreni transitori e all'esterno del campo del principio.

Quando viene usata la forza per acquisire una certa proprietà - cioè, quando il nostro senso della realtà non è stato offuscato dalla propensione a tale uso - siamo lesti ad inquadrare tale azione come un atto di iniquità; lo definiamo sfruttamento, confisca, appropriazione, furto. Si tratta di un *malum in sé*, un atto intrinsecamente malvagio. In questo modo affermiamo la convinzione che privare il produttore dei frutti dei suoi sforzi, rappresenti una violazione del suo diritto alla vita. Si tratta di un atto immorale. Ed è un atto immorale anche se è sanzionato dalla legge o compiuto da una moltitudine di persone, perché non c'è moltiplicatore grande abbastanza da rendere giusto qualcosa che è sbagliato. Quando consideriamo le conseguenze della sostituzione di un diritto morale sulla proprietà con uno forzoso (o dettato dalla legge), potremmo opporci dicendo che il principio non può essere violato impunemente. Ma indipendentemente dalle conseguenze, qualsiasi metodo, legale o illegale, con il quale viene trasferito un titolo di proprietà dal produttore al non produttore, è un atto che equivale essenzialmente al derubare una casa. Attraverso un editto emesso dal monarca, i pirati

---

2 Il titolo di proprietà deve includere il diritto al suo valore, se presente. Non può essere messo in discussione il diritto del fornaio di mangiare la torta che ha fatto. Né gli si può negare il diritto di accettare in cambio della torta l'equivalente di due torte, se qualcuno dovesse avanzare un'offerta simile. La teoria della proprietà del lavoro non ha nulla a che fare con la teoria del valore-lavoro.

divennero corsari, ma in entrambi ciò che facevano era rubare; e quando mi trovo costretto, contro la mia volontà, a sostenere una scuola o una burocrazia, sotto qualsiasi pretesto, mi sento privato della mia proprietà.

Il giudizio sulla solidità o la desiderabilità di un atto o di una procedura, deve tener conto delle sue conseguenze; ed una teoria deve essere dimostrata dalla pratica. Quando poniamo questa teoria - il diritto di proprietà si fonda sul lavoro - al vaglio dell'esperienza, scopriamo che è sostenuta da quella che potremmo definire la legge naturale; cioè, un rapporto di causa-effetto invariabile che opera in modo automatico a prescindere dalla volontà umana, e che consente inoltre di fare delle previsioni. La teoria può essere così enunciata: il possesso ed il godimento da parte del lavoratore della propria produzione passata, inclusa la possibilità di liberarsene, determinano la quantità della sua produzione futura; oppure, il livello del consumo (salari) determina il livello di produzione.

Si ammette che ciò che è già stato prodotto può essere alienato dal produttore, e la natura non interpone alcuna restrizione automatica. Vale a dire, finché è possibile cambiare (mediante metodi legali e non) fisicamente il possesso, non vi è alcuna relazione fondamentale tra produzione e consumo; uno può consumare ciò che un altro ha prodotto. Ma questo fatto si applica alla sola produzione del passato e non tiene conto del processo di produzione stesso. Si dovrebbe ricordare che l'oggetto della produzione è la soddisfazione dei desideri, e questi non cessano finché non si muore. L'uomo usa il lavoro in modo da consumare la produzione, e se è frustrato nel suo intento, quale sarà l'effetto sui suoi sforzi futuri? Non ci possono essere dubbi sulla risposta. L'unico punto in discussione è se la riduzione dei suoi sforzi che ne conseguirà rappresenti un atto dettato da una volontà o se sia un atto automatico come, ad esempio, il moto delle maree. Se rappresenta un atto di volontà, allora l'uso della forza potrà fare in modo che la produzione prosegua nonostante il furto; ma se è "nella natura delle cose" che la produzione debba diminuire proporzionalmente alla appropriazione indebita praticata, allora non basteranno tutti gli uomini del re a far andare avanti la macchina produttiva.

In un'economia primitiva non c'è alcuna difficoltà nel tracciare il rapporto tra produzione e consumo. Perché il lavoratore si approvvigiona direttamente dalla natura e l'identità del suo sforzo con la sua proprietà è evidente. Egli mangia l'animale che cattura, il grano che coltiva; indossa le pelli che scuoia; si tiene al caldo in una casa che ha costruito con gli alberi della foresta. Ogni sforzo, vuoi per soddisfare le sue prime necessità vuoi per accumulare capitale per il futuro, torna a suo beneficio. Si fa da solo il suo salario. Se la natura risponde abbondantemente al suo impegno - dal momento che non è mai privo di desideri - egli continuerà ad investire di più in sé stesso.

Tuttavia se la proprietà del pioniere viene devastata da parassiti o distrutta da siccità, inondazioni e terremoti, migrerà altrove, e in tal caso chiuderà la sua attività e la produzione cesserà; o si sforzerà di superare i pericoli, e in tal caso la produzione diminuirà a causa degli sforzi richiesti per difendersi. Se i ladri minacciano i suoi possedimenti dovrà mettere in conto un'ulteriore spesa non redditizia, perché dovrà dedicare più energie alla difesa e meno alla produzione. Analogamente, quella parte del suo salario a cui deve rinunciare per avere il permesso di vivere, dandola ad esempio agli esattori delle tasse o a chiunque altro abbia una pretesa esecutiva sulla sua produzione, non è realmente sua; dal momento che non la possiede, non può investirla in soddisfazioni. La sua volontà non ha nulla a che fare con la questione in analisi. Le condizioni che determinano una diminuzione della proprietà, causano una riduzione paragonabile della produzione; lo sforzo speso per rattoppare la barca non velocizza il raggiungimento del suo obiettivo finale.

Il funzionamento del diritto di proprietà è più evidente quando guardiamo al salario indiretto o monetario. Qui un ritardo tra produzione e consumo dissolve ogni apparenza. Cerchiamo di capirlo attraverso un esempio specifico. Un artigiano acquisisce il possesso di un cappotto in virtù del lavoro che ci ha messo per crearlo; anche la legge comunale riconosce la moralità del suo titolo. Ma il suo interesse economico non è nel cappotto di per sé. Non l'ha creato con lo scopo di indossarlo, ma con l'idea di trasferirne la proprietà a qualcun altro in cambio di altre soddisfazioni che brama. Lo vende quindi all'imprenditore, un altro lavoratore, in base ad un contratto di lavoro. L'imprenditore non ha altresì alcun bisogno del cappotto, e tale acquisizione rappresenta solo un mezzo per uno scopo. Alla fine, il cappotto raggiunge la sua destinazione finale, il consumatore che lo desidera. Se quest'ultimo possiede beni o monete di valore equivalente al cappotto, ha luogo uno scambio e la proprietà viene trasferita a lui. Non appena il nuovo proprietario indossa il cappotto esso comincia a deteriorarsi, perché questo è il destino di tutti i prodotti del lavoro. Ma il desiderio per il cappotto, il desiderio per il calore o l'ornamento, non si deteriora; è coesistente con la vita. Così, il consumo o l'uso del cappotto è di per sé un segnale alle industrie di abbigliamento, a tutti gli specialisti nel settore dei cappotti, affinché si diano da fare per creare un sostituto, perché un consumatore che desidera un nuovo cappotto avrà le proprietà per intavolare uno scambio. È la proprietà, la proprietà dei frutti del proprio lavoro, che mantiene in vita la macchina produttiva. Ciò premesso, possiamo predire che la produzione dovrà sempre tenere il passo con l'ammontare di reddito disponibile nelle mani dei produttori, o che la ricchezza della Società sarà proporzionale alle proprietà dei suoi membri.

Consideriamo una condizione negativa: colui che vuole entrare in possesso del cappotto è senza proprietà. La ragione non è importante; o ha scelto di non produrre, o condizioni su cui non aveva alcun controllo gli hanno impedito di produrre, o un truffatore lo ha privato della sua produzione. Non ha alcuna proprietà con cui poter acquisire il cappotto. In tal caso, le fabbriche che producono cappotti devono chiudere; se continuassero a fare cappotti finirebbero in una condizione che gli economisti chiamano "sovrapproduzione", ma che in realtà è sottoconsumo. L'arresto della produzione non è causato da una mancanza di desiderio, ma da una mancanza di proprietà, e la volontà umana, a meno che non abbia contribuito a privare il produttore della sua proprietà, non è responsabile del suddetto arresto. È automatico: niente proprietà, niente produzione.[3]

Questa legge della proprietà è operativa anche se la proprietà scambiabile viene offerta da persone che ne hanno acquisito il possesso mediante il furto, l'imbroglio, o il regalo. Finché hanno la proprietà immeritata a loro disposizione, la produzione andrà avanti.

---

3 Gli schiavi, a cui è negato il diritto di possedere quello che producono, genereranno qualcosa in più rispetto ai loro salari, o per evitare il dolore fisico o nella prospettiva di un aumento del salario. Se viene rimossa la minaccia della punizione o un miglioramento delle loro condizioni, lo schiavo non produrrà più di quanto è necessario alla sussistenza.

Tuttavia tali persone non portano sul mercato un sostituto per i beni che prendono, si limitano a scambiare quello che il produttore avrebbe scambiato, quindi il processo produttivo viene rallentato dalla quantità del loro consumo. Solo la produzione genera produzione; il semplice consumo, o la spesa, non stimola la produzione. Le persone non producono per denaro, ma per le cose che il denaro permetterà loro di acquistare. Se la spesa da sola potesse mantenere attivo il mercato, allora una Società composta da ladri dissoluti sarebbe più ricca di una costituita esclusivamente da produttori. L'idea dell'opulenza attraverso la dissolutezza presuppone che il consumo sia il carburante che alimenta il vapore della caldaia e che debba essere regolato con metodi coercitivi; ma il consumo si prenderà cura di sé stesso, se il processo produttivo non verrà interrotto da una qualsiasi violazione del diritto morale sulla proprietà.

Alla luce di questo principio, secondo cui il livello del salario (consumo) è fissato dal livello della produzione e viceversa, diventa cristallino che il lavoratore libero (a cui sia permesso di godere della sua produzione) è più produttivo dello schiavo. Un popolo "svantaggiato" è uno che viene regolarmente privato della sua proprietà, o uno in cui la definizione di proprietà racchiude qualsiasi cosa che secondo la legge può essere comprata e venduta senza alcun riguardo a come è stata ottenuta. Al contrario, una Società è ricca, sana e vigorosa quando si astiene dall'ostacolare la ricerca individuale di una vita più piena attraverso il godimento dei frutti del proprio lavoro.

Probabilmente non è una comprensione *consapevole* della relazione tra proprietà e produzione che dà luogo alla necessità di un Governo, ma piuttosto una intuizione *emotiva*; il diritto insindacabile alla vita conferisce anche un diritto indiscutibile al godimento della propria produzione, e sono ritenuti necessari alcuni apparati per la salvaguardia di tale diritto. Questa è l'attività del Governo.

Capitolo 9

Un caso di corruzione

Dionigi, lo storico tiranno di Siracusa, era un consumato finanziere. Il suo dono gli tornò utile il giorno in cui si ritrovò in condizioni di bancarotta, dopo aver preso in prestito dalla cittadinanza più di quanto potesse ripagare.

Avrebbe potuto aumentare le tasse e soddisfare i creditori con tale denaro, ma non lo fece perché i suoi prelievi fiscali avevano raggiunto la soglia dei rendimenti decrescenti; un ulteriore aumento avrebbe potuto scoraggiare la produzione o causare una fuga di capitali, e quindi prosciugare la fonte delle sue entrate.

Eppure i debiti dovevano essere ripagati, in quanto un ripudio avrebbe rovinato la sua reputazione e il credito nazionale; nessuno in seguito gli avrebbe più prestato un centesimo.

In questa situazione, Dionigi elaborò uno schema che sarebbe venuto in soccorso alla sua dissolutezza. Ritirò tutte le monete del suo regno: le banconote. come le dracme, le riconiò in modo che da ogni dracma ne uscissero due, e, dopo aver pagato i suoi debiti con i soldi rivalutati, restituì ai proprietari molte più dracme di quelle che erano stati obbligati a consegnare. Senza dubbio i siracusani furono felici dall'operazione; i loro anticipi al tiranno erano stati ripagati in pieno ed i loro asset non monetari erano improvvisamente raddoppiati di prezzo. Si meritava elogi per questa impresa finanziaria.

In ventidue secoli gli uomini hanno elaborato molti ragionamenti, e da ciò sono nati modi nuovi per fare cose vecchie. Come Dionigi, i politici di oggi a volte si trovano senza i mezzi necessari per coprire i costi delle gloriose avventure dello Stato e, dopo aver esteso la tassazione fino al punto di rottura, ricorrono ai prestiti. Convincono i cittadini che i loro risparmi non solo saranno spesi in modi che genereranno vantaggi reciproci, ma che la loro fiducia sarà premiata con un incremento annuale; la ricevuta stampata e rilasciata al prestatore impegna solennemente l'onore dello Stato. Ora, in un modo o nell'altro, queste ricevute verranno monetizzate, e la Società sarà sommersa da nuova moneta, come i siracusani quando le loro dracme vennero riconiate. Ognuno si "arricchisce".

Questa magia finanziaria moderna è un miglioramento del metodo di Dionigi, in quanto dà l'impressione di una transazione commerciale onesta, e non di una truffa. Dionigi non aveva pensato a questo business delle ricevute, poiché non si sarebbe mai trovato nella suddetta situazione. Non avrebbe mai dovuto affrontare il fallimento. Infatti, tra gli altri vantaggi, questa ricevuta moderna reca una data di scadenza, che di solito ricade nella generazione successiva, con sollievo dei debitori immediati; inoltre, attraverso i metodi di rifinanziamento e finanziamento, tale data acquisisce la capacità unica di estendersi verso l'eternità, in modo tale che il prestito non debba mai essere rimborsato. D'altra parte, il creditore o la sua prole può sempre essere sicuro di ricevere un interesse, poiché, come contribuente, è il titolare stesso che fornisce i fondi necessari.

Non abbiamo dubbi sul fatto che i ministri di Dionigi lo giustificarono con una dotta dissertazione sulle virtù del suo schema di conio. La sua controparte moderna non solo ha ministri a consigliarla, ma anche professori di economia che spiegano al popolo come l'abbondanza nelle loro dispense venga migliorata dall'inflazione.

Tassare l'agricoltura divenne fuori moda ancor prima del crollo dell'Impero Romano. Oppure no? Quando scaviamo nell'istituzione moderna dei dazi, incappiamo in sottoprodotti che somigliano ad istituzioni antiche. Tanto per cominciare, gli odiati pubblicani dell'antica Roma svolgevano una funzione non dissimile da quella dei moderni ispettori ed esattori delle tasse, che sono, come i loro avi, elementi ben tenuti e improduttivi della popolazione. Poi c'è la connessione con i dazi, conosciuti come la piramidazione dei profitti. L'importatore che deve pagare il dazio deve includere questo balzello tra i suoi costi quando deve calcolare il prezzo di vendita. Ogni protagonista nella catena di produzione deve fare lo stesso, e se il materiale importato nel Paese è in forma grezza, il che richiede maggiore manipolazione e trasformazione perchépossa raggiungere il suo ultimo stadio di produzione, le varie percentuali di esborso che si sommano potrebbero superare il dazio stesso. Il consumatore salda il tutto. I guadagni di questi vari produttori e processatori non sono dissimili da quelli degli antichi satrapi; rappresentano profitti privati resi possibili per legge.

Non abbiamo alcuna autorità su tutto ciò, ma sapendo che nessun business può essere perseguito senza una giustificazione morale, possiamo affermare che gli esattori delle tasse di Roma erano convinti della correttezza delle loro azioni; non è forse vero che portavano ai contribuenti i benefici della legge e dell'ordine? Allo stesso modo, coloro che ne traggono vantaggio sposano la causa del protezionismo nella presunzione che quest'ultimo promuova le industrie nazionali, dia lavoro alle persone, le protegga dalla competizione a basso costo, e così via. Un rapinatore non può guardarsi in faccia.

Poiché la questione della successione non era regolarizzata costituzionalmente, la guardia pretoriana si impegnò con la città di Roma per un rifornimento costante di imperatori (a volte le legioni nominavano esse stesse un aspirante, e la selezione era superata con una prova fisica). Ammettendo che i soldati considerassero il corso dell'impero una questione di scelte, non rimanevano sordi alla promessa dell'aspirante di migliorare il loro benessere economico. Potremmo definirlo voto di scambio, ma in che cosa si differenzia dalle promesse ai veterani che oggi impreziosiscono l'oratoria delle campagne elettorali? Oppure fate caso agli emolumenti e ai vantaggi speciali che il politico moderno offre ai coscritti in modo che accettino la condizione di servitù involontaria. Che la guardia pretoriana giochi ancora un ruolo importante nella scelta dei nostri leader politici è evidenziato dal fatto che per oltre una generazione dopo la Guerra Civile quasi ogni candidato alla presidenza era un generale, e che in ogni campagna militare i bonus ai soldati erano una questione sempre sul piatto; sin dalla prima guerra mondiale, nessun candidato in corsa per qualsiasi carica poteva pensare di sostenere l'eventuale decurtazione dei vantaggi speciali che i veterani ritengono di meritare.

Il punto dell'analogia non è che gli uomini d'arme antichi e moderni sono uguali nella loro ricerca di qualcosa in cambio di niente - in questo senso non sono diversi dal resto della cittadinanza - ma che in ogni era il potere politico si è adoperato a perseguire scopi antieconomici e antisociali, che non ha mai esitato ad acquistare il consenso con i beni confiscati. Per gli antichi, si può dire che condussero tale pratica in maniera schietta, senza fronzoli e senza moralismi; i Cesari non invocavano un'ideologia per coprire il vero obiettivo del "panem et circenses". Oggi l'avanzamento politico e l'aumento del potere politico si concretizzano nello stesso modo - con sussidi di ogni genere pagati dai contribuenti - ma vengono perseguiti adoperando una finta patina di rettitudine. I nostri politici non comprano voti, invocano programmi "sociali". Ma si arriva alla stessa conclusione.

La storia è piena di materiale iconografico a tal riguardo, ed è davvero forte la tentazione di addurre esempi che dimostrino che le pratiche della confisca adottate dal potere politico hanno subito modifiche solo nelle forme e in alcuni dettagli. Ma considerando il carattere dell'autorità, che altro potrebbe fare? Il potere politico non è un fattore di produzione; non può contribuire all'aumento degli standard di vita nemmeno con un singolo pezzo di pane o un paio di scarpe; le cose che soddisfano i desideri umani derivano dall'applicazione del lavoro sulle materie prime, e in questo processo il potere politico si ritrova fuori dal suo campo. Il meglio che possa fare per promuovere la produzione è mantenere un clima di tranquillità. Quando si impegna ad intervenire sul mercato, si attrezza semplicemente a prendere ciò che trova. Più prende, meno c'è per la Società, e l'esaurimento delle risorse provoca un atteggiamento di dipendenza dal potere di confisca. Questo atteggiamento peggiora quando alcuni gruppi selezionati diventano i beneficiari della confisca; sono quindi grati al potere politico per il loro benessere, e il sostegno e l'adulazione del benefattore da parte loro è una reazione naturale. Il potere politico sopravvive grazie alla confisca.

Per dimostrare il punto, è solo necessario sottolineare il fatto che l'establishment politico si attiene al suo ruolo passivo quando la Società produce poco, e diventa attivo e cresce in statura solo quando appare un accumulo di ricchezza. Tra le tribù indiane del Nord America, dove la produzione raggiungeva la sussistenza, i capi, che erano politici part-time e volontari, esercitavano poca autorità e solo entro i limiti richiesti per mantenere l'ordine. Viceversa, quando i conquistadores arrivarono in Perù trovarono un notevole accumulo di ricchezza e un accumulo corrispondente di potere politico.

Un confronto tra l'establishment politico americano e quello attuale esalta il punto che si vuole confermare; quando nel 1789 l'economia del Paese era in gran parte agricola e la sua ricchezza totale era misurata in milioni, lo scopo dell'autorità politica era nettamente delimitato; i suoi interventi sono aumentati di numero e di estensione mano a mano che la capacità produttiva della popolazione è aumentata, e ora che la ricchezza della nazione si misura in molti miliardi la mano dell'autorità viene percepita in ogni attività privata. I suoi poteri interventisti sono proporzionati al suo esproprio di un terzo di tutto ciò che viene prodotto.

Quando la natura del potere politico viene messa sotto il microscopio dell'analisi, la sua incorreggibile propensione alla predazione diventa comprensibile. Solo in questo istante possiamo comprendere come il potere politico non sia "nella natura delle cose", ma nella natura dell'uomo. Non è inesorabile come la forza di gravità, ma è un espediente escogitato dall'uomo per facilitare la sua voglia di soddisfare i propri desideri con il minimo dispendio di lavoro. Il potere politico è il potere fisico, o la relativa minaccia, che un uomo o un gruppo di uomini possono esercitare su altri uomini per influenzarne il comportamento. La sua origine può risiedere in un corpo di sanzioni sociali, ma difficilmente si può parlare di potere politico fino a che queste sanzioni non sono applicate con una forza di polizia. Comunque, viene esercitato dagli esseri umani e, pertanto, deve essere correlato alla legge onnipervasiva dell'azione umana, la voglia di ottenere il massimo con il minimo.

Poiché tutti gli esseri umani sono dominati da questa voglia, il potere politico è sempre soggetto alla concorrenza, e il dominio di un solo uomo su un gruppo è possibile solo quando tale gruppo è abbastanza ristretto da consentire che il suddetto uomo possa intimidirlo. Non può esistere un monarca assoluto di una nazione; il potere politico deve avere una base sufficientemente ampia per sostenere l'apice, e il dominio che sembra identificarsi con la volontà di una sola persona viene invece esercitato da un'oligarchia o da una burocrazia. Il potere politico deve avere alleati, uomini che lo supportano perché è nel loro interesse farlo. Guglielmo di Normandia consolidò la sua conquista dell'Inghilterra dividendone la terra tra i suoi uomini più fidati, in modo che potessero vivere bene grazie alla produzione dei vassalli e dei servi. Per una ragione economica simile, i politici del XIX secolo lasciarono in eredità un impero ai baroni delle ferrovie d'America; in entrambi i casi i beneficiari di queste generosità sostenevano il potere politico.

È questa necessità di un'ampia base che rende conto delle pratiche predatorie delle istituzioni politiche. La corona poggia in modo scomposto sulla fronte reale, almeno fino a quando non viene tenuta saldamente in posizione dalla lealtà dei soggetti che la supportano o sperano di partecipare ai privilegi che può garantire loro; e allo stesso modo un parlamentare ha bisogno dei voti o dei contributi elettorali di quegli elettori che si aspettano di trarre profitto dalla sua elezione al potere. Che cosa può elargire loro? Solo ciò che può trafugare dalla dispensa della produzione. Nient'altro.

L'avvento del suffragio popolare non ha modificato la natura del potere politico né le sue pratiche. La dottrina su cui poggia il suffragio recita che la sovranità - la parola in codice per indicare il potere - è nelle mani degli elettori, una sorta di possesso permanente, ed essi si limitano a prestarlo per un periodo di tempo limitato ai governanti da loro selezionati. Nei fatti questa dottrina si riduce all'idea che nel giorno delle elezioni ogni elettore tiene nelle sue mani un piccolo pezzo di potere che una volta era nelle mani del re. Ma così come il re sapeva che l'essenza del potere era rappresentata solamente dall'elargizione di prerogative e gratifiche, anche l'elettore, quando scarabocchia la sua scheda elettorale, è influenzato dalla sua condizione materiale o da un'aspettativa di miglioramento. Egli presuppone che la sua economia personale sia legata al potere politico, non alla sua capacità produttiva, e tale ipotesi sembra abbastanza valida quando osserva che alcuni dei suoi compari elettori traggono benefici dal trogolo pubblico. Tuttavia il suo minuscolo pezzo di potere non è in grado di spingerlo in una posizione favorevole, soprattutto perché è in concorrenza con milioni di altri. È necessario che egli aggiunga il suo voto a molti altri in modo da poter raggiungere il fatidico 51%. È così che nasce il sistema dei gruppi di pressione che utilizzano il potere politico per acquisire vantaggi pecuniari.

Ma qual è il profitto di chi governa? Che cosa spera di guadagnare il possessore del potere politico - anch'esso un essere umano - dall'affare che conclude con chi mette lo scettro nelle sue mani? Questo dipende dai valori del singolo politico, ma prendendoli in considerazione nel loro complesso, i desideri che li spingono a cercare la carica pubblica sono esattamente quelli che motivarono Carlo Magno: gratifiche e privilegi. Che altro si può ricavare dalle fatiche politiche? Mettendo da parte le crude tangenti e i metodi più sofisticati e legali di elargire vantaggi economici, il politico misura il suo guadagno dalla soddisfazione di un desiderio che spesso è più forte del desiderio legato alle semplici comodità. Così come alcune persone traggono più piacere dalla musica che dal cibo, da un'arrampicata in montagna che da una vita rilassata, altri traggono il loro *summum bonum* dalla vita politica o dal senso di auto-esaltazione stimolato dall'esercizio del potere. Si tratta di una soddisfazione dell'ego che deriva dall'amministrazione e dalla scrittura di regole a cui gli altri devono obbedire, e per molti di noi questo rappresenta un valore inestimabile. Altrimenti come si potrebbe spiegare la lotta senza esclusioni di colpi per le cariche pubbliche? "Viva il re" è l'investitura del trono.

L'istituzione politica predatoria che emerge quando la Società acquisisce competenza, è tracotante di vanità e cupidigia.

Ma ci deve essere un mezzo per impedire a Caino di danneggiare la proprietà di Abele, altrimenti la vita umana tornerebbe all'epoca dei dinosauri. Non ci può essere una Società fino a quando non c'è un mercato, e non ci può essere un mercato fino a quando non è garantita la sicurezza della proprietà. Senza tale garanzia l'individuo non si sforza di migliorare la sua situazione e la produzione scenderà al livello della mera sussistenza; l'essere umano sarà poco più che un animale, uno stato contro il quale si ribellano le sue compulsioni primordiali. È per questo motivo che istituisce un meccanismo per la protezione della vita e della proprietà, anche contro sé stesso, un macchinario a cui dà il nome di Governo.

"Per garantire questi [inalienabili] diritti [alla vita, alla libertà e alla ricerca della felicità] - afferma la migliore formulazione della questione - vengono istituiti governi tra gli uomini". Ne consegue che se ci fosse un modo per garantire questi diritti senza un Governo, gli uomini non lo istituirebbero. E ne consegue anche che quando il Governo impiega il suo monopolio della coercizione per scopi che violano tali diritti, cessa di essere Governo. Diventa un'altra cosa, proprio come un mercantile che si dà alla pirateria non può essere più classificato come mercante. Quando la commissione incaricata di custodire il potere della coercizione lo usa per confiscare beni, non può rivendicarli nel nome del Governo. Si tratta di corruzione, e il suo nome è Stato.

Capitolo 10

È nato lo Stato!

"In quei giorni", ci viene detto in Giudici 17:6, "Israele non aveva un re; ognuno faceva quel che gli pareva meglio". Essere in grado di fare ciò che appare meglio ai propri occhi è essere liberi e la libertà rappresentava il modo di vivere degli israeliti prima dell'avvento dei re. Eppure non gli mancava un Governo, non gli mancavano quei controlli sociali che rappresentano l'essenza di un governo. L'economia dei membri della tribù richiedeva che il singolo si adattasse a procedure cooperative e regolamentate; un uomo che si fosse lasciato trasportare dalle proprie bizze mentre la tribù era alla ricerca di terre da pascolo sarebbe stato un disastro; si trattava di restare uniti o di morire. La tradizione veniva in soccorso alla necessità di organizzare in modo ordinato la vita, poiché essa era cresciuta dall'esperienza attraverso prove ed errori, e provandosi vantaggiosa. Le leggi della consuetudine erano santificate perché violarle significava incappare in pesanti sanzioni, non solo per l'individuo ma anche per l'intero gruppo. Era una società conservatrice; l'adesione a principi collaudati era l'unico modo in cui la ricerca della felicità poteva essere portata avanti. Ciò che era "giusto" agli occhi dell'uomo della tribù lo era per via della tradizione, del costume e delle leggi di Yahweh, alla cui enumerazione l'Antico Testamento, prima del Libro di Giosuè, dedica molto spazio. Libertà non significa licenza.

Né c'era una mancanza di leadership prima dell'avvento dei re. Qualcuno doveva pianificare la strategia e improvvisare le tattiche per le guerre che gli uomini delle tribù intraprendevano durante la loro marcia verso la Terra Promessa, e qualcuno doveva giudicare le controversie per scongiurare il caos delle lotte intestine. Quindi emerse la figura dei Giudici, uomini stimati per la loro saggezza e integrità, "agenti" nominati dalla natura per insegnare equilibrio e rettitudine. Siamo portati a concludere che questi Giudici guadagnarono il loro status per selezione naturale e consenso comune, qualcosa di molto simile ai capi delle tribù Indiane del Nord America. C'era consenso sul fatto che l'autorità dei Giudici fosse santificata da Dio, ma la prova della loro unzione era il modo in cui esercitavano l'autorità. Erano leader in virtù del loro dono di esserlo.

La caratteristica fondamentale della regola dei Giudici è che i giudici mancavano di un qualsiasi potere coercitivo. "Ognuno faceva quel che gli pareva meglio" significa che nessun uomo era costretto a fare altrimenti; e dal momento che "in quei giorni Israele non aveva un re" bisogna presumere che non esistesse alcun corpo di polizia che potesse far rispettare le regole di comportamento. Il solo agente usato dai Giudici per far rispettare i propri dettami era l'opinione pubblica. La locuzione "così disse Yahweh" aveva la stessa forza di "così diciamo noi tutti".

Secondo i calcoli comuni, questo Governo durò circa quattro secoli – un periodo paragonabile alla durata della repubblica Romana. Il modo in cui si concluse è scritto nel Libro di Samuele, dove si dice che gli anziani delle tribù andarono dall'ultimo dei Giudici e gli chiesero di scegliere un re che li governasse.

Val la pena notare lo sfondo su cui avvenne questa agitazione per una radicale riforma costituzionale. I nomadi si erano ormai stabiliti tra le colline intorno a Canaan; il pascolo stava passando il testimone all'agricoltura; il possesso di terreni aveva acquisito un'importanza che non aveva avuto durante le migrazioni; il commercio, l'accumulo di capitali e le transazioni finanziarie erano entrati a far parte della vita di tutti i giorni. La loro economia era cambiata.

La loro nuova visione della vita era colorata dalla visione di grandi ricchezze tra le valli; lì la magnificenza del culto di Baal in templi sfarzosi avrebbe sostituito l'austerità che Yahweh aveva imposto loro, e qualsiasi tipo di problema pubblico e privato sarebbe stato risolto da un establishment reale onnisciente e onnipotente, sollevando la popolazione da una rigorosa auto-disciplina. Sembrava una cosa buona.

L'occasione giusta per introdurre questa richiesta rivoluzionaria fu quella che noi oggi chiameremmo un'emergenza. All'epoca, infatti, c'erano due emergenze. In politica estera le cose andavano male per Israele; i Filistei non solo li avevano battuti in battaglia, ma avevano anche profanato la sacra arca dell'alleanza. Sul fronte interno, avevano perso fiducia nella propria leadership; i due figli di Samuele, che questi aveva scelto come assistenti, non vivevano secondo gli standard richiesti dalla loro carica: "si lasciavano sviare dalla cupidigia, accettavano regali e pervertivano la giustizia".

Samuele era stato uno scienziato politico di prim'ordine, tanto più notevole considerando che non aveva libri a cui fare riferimento, ma era guidato solamente dalla sua osservazione del potere regale in atto. Però si dispiacque quando gli anziani dissero: "Eleggi un re affinché ci governi come una nazione". La storia dice che portò la questione davanti a Yahweh, il quale gli assicurò che non si poteva fare più nulla per salvare gli israeliti perché loro stessi non volevano essere salvati.

Poiché avevano rinunciato alla tradizione rigorosa dei loro avi, la quale faceva affidamento sull'integrità personale e sull'autodeterminazione, avevano perso il tocco vittorioso che gli aveva consentito di scappare dall'Egitto e di arrivare alla soglia della Terra Promessa; la fine del sistema dei Giudici poteva essere spiegato proprio da quella stessa mancanza di auto-disciplina. Pertanto, disse Yahweh, dai loro ciò che chiedono, ma come monito d'addio potresti "Mostrare loro il tipo di re che li governerà"; e digli che una volta che comprenderanno il loro errore, sarà troppo tardi per riguadagnare la libertà: "Il Signore non vi ascolterà in quel giorno". Questo è un commento interessante, poiché sottolinea il fatto che quando una popolazione ripone la propria fiducia in uno Stato piuttosto che in sé stessa, non c'è modo di tornare indietro.

Così Samuele descrisse l'ordine delle cose sotto un re. Innanzitutto sarà stabilita la coscrizione che sostituirà il sistema di volontarismo che aveva servito così bene gli uomini delle tribù in tutte le loro peregrinazioni, e tale coscrizione non si limiterà al servizio militare ma includerà anche il servizio presso la corte del re; inoltre anche le donne saranno soggette alla servitù non volontaria. In seguito "egli lo nominerà capitano di migliaia e capitano di cinquantine". Il termine "capitano" è ambiguo, a volte si riferisce a uomini in guerra, a volte a quella che chiameremmo nobiltà, a volte ai burocrati (in base alle loro mansioni); fu sotto il regno di Davide e Salomone che il termine "capitano" assunse una varietà di significati. "E", continuò Samuele, "Il re prenderà da voi le vostre terre migliori e le darà ai suoi funzionari e ai suoi servi", instaurando un'aristocrazia latifondiaria, proibita dalle leggi di Mosè. Per di più, per mantenere il proprio regno "prenderà un decimo delle vostre sementi e delle vostre vigne"; a quanto pare la tassazione rappresentava qualcosa di nuovo tra gli israeliti. Ma, soprattutto, "tutti voi sarete suoi servi".

Ma gli anziani erano cocciuti nella loro richiesta di autorità politica. Potremmo azzardare un'ipotesi per spiegare la volontà di questi anziani: forse non volevano far altro che diventare la nuova classe latifondiaria solidificando la loro posizione sotto un re. Molto probabilmente era la paura che aveva occupato i loro cuori, come spesso accade quando una persona che ha avuto successo nella vita si trova a doverne affrontare le avversità, e per questo erano disposti a scambiare la libertà con la promessa di sicurezza in cambio di sottomissione. La ricerca di un semidio è intrinseca alla natura umana; la paura dei problemi della vita tende a indebolire la fiducia in se stessi e incoraggia la ricerca di un salvatore. La fede nel potere politico rappresenta una comoda fuga dalla realtà.

Ad ogni modo, Samuele nominò Saul. Sin dall'inizio dell'insediamento della monarchia i problemi d'Israele si moltiplicarono. Ci fu la solita ondata di guerre contro i Filistei, con vittorie sporadiche; il dissenso interno, che fino a quel momento era stato raro, divenne la norma. Alcuni seguirono Saul, altri si ribellarono contro il suo governo; in particolare, questi ultimi si opponevano ad instaurare quelle stesse istituzioni contro cui li aveva messi in guardia Samuele. Ma, come disse Samuele, non ci sarebbe stato più modo di riguadagnare la libertà una volta che lo Stato avesse fatto la sua apparizione, e il Giudice fu messo subito alla ricerca di un nuovo salvatore. Scelse Davide, ma è significativo che sebbene il nuovo re fosse stato nominato da Samuele, dovette combattere per arrivare al potere; salì al trono sulle ali di quella che noi chiameremmo una rivoluzione. La lotta per il potere, abbellita con banalità morali e giustificazioni sociali superficialmente plausibili, era penetrata nelle usanze degli israeliti.

C'è una storia nella storia dell'ascesa di Davide che rappresenta una lezione di scienza politica. Un giovane soldato che aveva portato a Davide la notizia della morte di Saul – sperando che in questo modo avrebbe fatto un favore a Davide visto che Saul lo stava braccando – gli confessò anche di aver preso parte all'eliminazione del re, ma per suo enorme dispiacere Davide lo condannò a morte. La ragione era semplice, il soldato aveva lordato la sua obbedienza al re; per un cittadino era un crimine mettere le mani su chi aveva ricevuto l'unzione regale. È la natura del potere politico quella di acquisire una qualità sovrannaturale e diventare di per sé, indipendentemente dalla persona che lo esercita, un santuario per il culto pubblico. Anche se il re in carica si dimostra indegno, un'aura di divinità continua a pervaderlo; è una forma di animismo, attraverso la quale colui che esercita il potere viene sollevato da tutte le responsabilità che ne possono derivare. Nei tempi moderni siamo veloci a "buttare fuori i delinquenti", ma non ci viene mai in mente che la delinquenza possa essere insita negli uffici politici stessi o che il potere di cui sono investiti possa trasformare in un mascalzone anche un uomo onesto.

Sebbene il popolo d'Israele avesse chiesto un re, lo spirito di libertà non si allontanò da loro immediatamente dopo la concessione di questo loro desiderio, e Saul non costruì il regno su basi solide. Ci volle tempo affinché il mito dell'autorità guadagnasse un'accettazione generale. Davide, il secondo re, si comportò meglio del suo predecessore, poiché ebbe quarant'anni per portare sulla sua stessa linea di pensiero gli uomini della tribù; durante il suo regno maturò una seconda generazione, e per quest'ultima il diritto reale era qualcosa di "moderno", reale e vibrante, mentre la libertà dei suoi avi era qualcosa di sbiadito nelle trame del tempo. Nonostante ciò, il passato continuava ancora a farsi sentire e Davide dovette fare i conti con frequenti insurrezioni e, alla fine, con una guerra per la successione.Riuscì, come apprendiamo dal Secondo Libro di Samuele, ad assemblare la struttura necessaria per uno Stato di successo, cioè, a circondare la figura del regnante con una casta di "uomini forti", analoga a quella che oggi chiameremmo classe di privilegiati, e con un gruppo di "servi" efficienti le cui funzioni corrispondevano a quelle dei nostri odierni burocrati. In questo modo consolidò il potere sotto Salomone.

La storia di Saul-Davide-Salomone illustra la gestione dello Stato. All'inizio, un aspirante capo tribù combatte per la sua ascesa come un lupo solitario, facendo fuori i rivali, e concentra in sé tutto il potere su cui può mettere le mani. Questo metodo ha pregio solo finché l'area della sua sovranità è limitata a quella della sua supervisione personale. Ma si dimostra abbastanza inefficace e per di più abbastanza precario. Mentre la sua ricerca di potere va oltre le sue aspettative, come accade sempre, scopre di dover delegare parte del suo potere e condividere le sue prerogative con un'oligarchia di supporto – militare, ecclesiastica (o intellettuale) e, col tempo, gruppi commerciali o industriali che si mettano a sua disposizione in cambio privilegi speciali. Per il re rappresentano il fossato del suo castello. Oltre a questi privilegiati deve circondare la sua cittadella con una classe di "servi" ben pagati capace di prendersi cura dei dettagli della sovranità così che possa funzionare senza alcun intoppo.

Lo Stato non è, come sostengono molti scienziati politici, una cosa inanimata; è costituito da persone, esseri umani, ognuno dei quali opera in base all'impulso innato di vivere al massimo col minimo sforzo. Si differenziano dagli altri esseri umani solo perché hanno scelto (credendo che sia la via più facile) i mezzi politici o predatori per soddisfare i loro desideri anziché quelli economici o produttivi. L'illusione che lo Stato sia un'istituzione impersonale, qualcosa che la Società costruisce per il proprio vantaggio, serve a nascondere, anche ai suoi membri, la sua vera natura. Eppure, se non fosse per i benefici economici che elargisce ai gruppi di privilegiati, e se non fosse per gli emolumenti e gli onori della posizione politica, non esisterebbe alcuno Stato. Lo Stato sono le persone.

La saggezza di Salomone venne dimostrata dalla sua capacità di consolidare il potere dello Stato. In primo luogo il sostegno del suo regno poggiava su basi solide, poiché ci viene detto che ai suoi capitani, principi, preti e servi - le classi privilegiate - "non mancava niente". Comprò ogni possibile opposizione. Poi evitò in tutti i modi le guerre costose e distruttive dei suoi predecessori, e fece ricorso alla corruzione diplomatica per portare sotto la sua influenza i re forieri di possibili guai che si trovavano ai confini del suo dominio. La sua preoccupazione principale fu per la gestione degli affari interni: mantenere una buona presa sul popolo propagandando il mito dell'autorità. Il tempio che fece costruire fu un colpo di genio politico, poiché investì il suo regno di un'aura di onnipotenza; lo stesso dicasi per le città fortificate e le navi da guerra. Questi erano solamente programmi per dare lavoro alla popolazione, ma gli restituirono molto favore pubblico e raggiunsero lo scopo politico per cui erano stati ideati: dare allo Stato il carattere di realizzatore di grandi opere sociali. Questo è il prerequisito per mantenere il potere sulle persone.

Per quanto riguarda il metodo con cui finanziò questi lavori pubblici, basti dire che utilizzò schiavi (sotto la legge ebraica questa forma di sfruttamento era applicabile solo agli estranei). Ci sono anche prove che raccontano di come richiese tributi ai principi vicini. Ma, per quanto riguarda la tassazione, non ne sappiamo nulla finché non leggiamo il secondo libro delle Cronache (capitolo 10), le quali parlano dell'insediamento di Roboamo. Ci viene detto che "tutta Israele" implorò il nuovo re perché: "Tuo padre ha reso pesante il nostro giogo, ora tu alleggerisci la dura schiavitù di tuo padre e il giogo gravoso, che egli ci ha imposto, e noi ti serviremo".

Fu attraverso il peso gravoso delle tasse che lo Stato d'Israele raggiunse il suo apice di gloria sotto Salomone. La sua opulenza rifletteva la povertà del suo popolo. E così doveva essere. Bisogna ricordare che la Società è un gruppo di persone che coopera con un altro gruppo di persone affinché entrambi possano migliorare le loro circostanze, e le tecniche mediante le quali la Società raggiunge i propri scopi sono la produzione e lo scambio. Non c'è altro modo attraverso il quale la Società può prosperare. Qualunque cosa privi i membri della Società dei frutti del loro lavoro rappresenta un deterrente per quello scopo stesso che li ha riuniti; è una forza avversa alla cooperazione. E tra gli strumenti che gli uomini hanno inventato per disintegrare gli scopi della Società il più devastante è la tassazione, perché è un drenaggio costante sulla proprietà degli individui che aumenta all'aumentare della produttività di quest'ultimi. Lo Stato, dall'altro lato, prospera in base a quello che può estrarre dalla Società; i suoi templi sono costruiti grazie alle tasse, la sua burocrazia cresce in grandezza e arroganza grazie alle tasse, e sempre con le tasse lo Stato compra il supporto di coloro che altrimenti vi si opporrebbero. Più riesce a tassare, più lo Stato diventa ricco, più povere diventano le persone; più sono alte le tasse, più è forte lo Stato, più deboli sono le persone; gli interessi di queste due entità sono diametralmente opposti. La resistenza nei confronti dello Stato diminuisce al diminuire delle sue confische, e, in ultima analisi, quando il carico fiscale diventa un giogo, la sottomissione nei confronti dello Stato diventa la condizione necessaria per vivere.

Definire la tassazione come un giogo è un chiaro esempio di schiettezza biblica. Il giogo viene apposto sul bue, una bestia da soma, che per natura è incapace di rivendicare un diritto di proprietà sui prodotti del suo lavoro. Ne consegue che quando un essere umano viene privato di questo diritto il suo status sociale rassomiglia a quello di un bue, e se la tassazione si prende tutto ciò che produce può essere tranquillamente equiparato ad un bue vero e proprio. Gli israeliti che implorarono Roboamo affinché abbassasse il carico fiscale imposto da Salomone (lo Stato) sono un esempio calzante.

La storia va avanti dicendo che Roboamo rifiutò le suppliche di "tutta Israele", promettendo che invece avrebbe aumentato le tasse. Poi si parla di una rivolta contro le tasse da parte della tribù di Giuda, una famiglia che rifiutava periodicamente la primazia di Gerusalemme: quando Adoram, l'esattore fiscale capo di Roboamo, si presentò da loro "venne lapidato a morte". Tale incidente ci insegna un'altra lezione sulle scienze politiche: lo Stato non riesce mai ad avere un'influenza totale sulla Società (altrimenti questa si disintegrerebbe e lo Stato collasserebbe per mancanza di nutrimento) e ci saranno sempre critici e ribelli. Ci furono molti re dopo Salomone e tutti dovettero sentire le voci dei profeti che richiamavano il popolo ai vecchi principi. Nel secondo libro delle Cronache si dice: "Così Israele si ribellò alla casa di Davide; tale situazione dura fino ad oggi".

Capitolo 11

"Servizi per la Società"

Lo Stato è costituito da un certo numero di persone che, dopo essersi in qualche modo impossessate di esso, fanno uso dei suoi meccanismi coercitivi per cercare di raggiungere la propria visione della felicità senza preoccuparsi della disciplina del mercato. Prendono in ostaggio la Società. Prendendo in considerazione l'armamentario della coercizione - le leggi, la propaganda e la polizia - lo Stato potrebbe essere definito un'istituzione; ma in sostanza non è che una banda di persone. Il carattere dello Stato diviene più evidente quando questa banda è un gruppo di estranei, un'orda conquistatrice o un potere imperialistico, oppure quando una classe sociale distinta, una nobiltà, detiene le redini; in questo senso, come accadde sotto il comunismo, un gruppo auto-nominato si dedica all'uso del potere. Quando le persone che governano sono soggette a cambiamenti periodici, questo occulta e maschera il carattere dello Stato, e in particolare questo accade quando l'oligarchia convince sé stessa e il resto della società di servire un bene superiore. È nella frase "servizio sociale" che si perde il vero carattere dello Stato si perde .

Ci sono servizi che sono davvero sociali, poiché senza di essi non esisterebbe alcuna Società. Il calzolaio rende un servizio sociale perché crea le scarpe per le persone. Lo stesso lo si può dire per il tizio che fabbrica stuzzicadenti o per la figura del dottore o per quella dell'intrattenitore, o per qualsiasi altra persona che si dedichi a soddisfare i desideri umani. È la società che decide se qualcuno è o meno un servitore sociale, attraverso il libero scambio di proprietà.

Più qualcuno ha successo, maggiore sarà la sua funzione sociale, poiché tale successo è l'immagine della qualità e della quantità delle soddisfazioni che ha reso agli altri.

Ma i "servizi sociali" di cui si occupa lo Stato sono alquanto differenti da quelli che la Società elegge come tali nel mercato. Sono imprese che non hanno nulla a che fare con il mercato, non sono soggette a condizioni concorrenziali, non esistono perché la Società ha scelto che dovessero esistere e non sarebbero mai nate senza il potere politico. È lo Stato che decide se siano servizi utili o meno. Dal momento che lo Stato rappresenta il monopolio della forza, e non ha altra competenza, i "servizi" che pretende di fornire non possono essere oggetto del giudizio di nessun altro. Ma, anche se la coercizione è la sua stessa giustificazione, l'accettazione di essa da parte della Società necessita di un supporto sul piano morale; e così si dice che ci sono alcuni servizi che possono essere meglio forniti collettivamente e questi vengono chiamati "sociali".

Cosa può essere fatto collettivamente che non può essere fatto senza l'uso della forza? Cosa sono questi "servizi sociali"? La categoria varia al variare dell'incidenza del potere. In uno Stato la costruzione di una linea ferroviaria può essere gestita dallo Stato stesso, mentre in un altro potrebbe occuparsene una ditta privata. Una volta l'assicurazione era un servizio fornito da degli specialisti a coloro che si rivolgevano loro; ora questo campo è stato invaso ed è sul punto di essere occupato dallo Stato. Inoltre la definizione di "servizi sociali" subisce cambiamenti forzati attraverso la legge, come quando gli Stati Uniti hanno dichiarato illegale la consegna della posta da parte di servizi privati. La ragione è chiara: ogni attività che lo Stato arroga a sé riduce la portata delle attività della Società, aumenta il suo bacino di burocrati e migliora la sua posizione rispetto ad essa. Cioè, il suo potere aumenta in proporzione al numero di "servizi sociali" che ingloba. Il processo di acquisizione è auto-accelerante. In una Società altamente integrata, dove la specializzazione è diffusa e ogni specializzazione incide sull'altra, l'invasione dell'ambiente di mercato da parte dello Stato è un processo consequenziale: l'invasione di un campo porta subito all'invasione di un altro, e da qui la necessità di designare come "sociali" sempre più attività. Una volta iniziato, questo processo non può essere contenuto; deve andare avanti. Alla fine il mercato deve venire abolito completamente; e a quel punto tutto quello che un uomo potrebbe fare per migliorare la sua posizione sarebbe rivolgersi al potere politico. Quindi l'ideale dei "servizi sociali" non è altro che uno Stato totalitario, o il comunismo.

Ogni volta che lo Stato si appropria o si impegna in un'attività economica la monopolizza completamente o la circonda con condizioni peculiari e vantaggiose per sé, in modo da scoraggiare i privati dall'operare in quel campo. In primo luogo, lo Stato non tassa sé stesso e così è sollevato da un costo che invece i suoi concorrenti devono sostenere. Inoltre non è affatto costretto a far combaciare entrate e uscite, poiché può recuperare le perdite attraverso la tassazione. In secondo luogo, la contabilità dello Stato non ha alcun senso. La concorrenza con lo Stato, anche quando viene permessa, diventa impossibile. Infatti lo Stato sa che non può competere con l'andamento delle imprese private e pertanto si rifiuta di sottoporsi al giudizio del mercato. Il suo interesse non è fornire un servizio, ma espandere il proprio potere sulla Società. Quelli che sono chiamati "servizi sociali" sono solamente dei mezzi per tale espansione.

Nonostante ciò, il concetto di "servizi sociali" aveva una base solida. Come al solito, la radice di questo concetto si trova nella umana ricerca di una vita migliore. Nei giorni in cui gli individui stavano organizzando la Società, così come pensavano che un Governo avrebbe potuto mantenere le cose in equilibrio, allo stesso modo pensavano che altri strumenti sarebbero serviti allo stesso scopo. L'esperienza aveva insegnato loro che i beni accumulati potevano essere distrutti da un incendio. I loro vicini avevano la stessa preoccupazione. Il risultato di questa preoccupazione comune fu un dipartimento di vigili del fuoco volontari; ogni membro della comunità si sottometteva al bisogno occasionale dei suoi servigi come vigile del fuoco perché così facendo soddisfava anche i propri interessi; aiutando a salvare la proprietà dei suoi vicini stava salvando anche la sua. Poi c'era il problema delle strade, la loro costruzione, la loro manutenzione, la loro riparazione. Dal momento che senza strade non ci poteva essere comunicazione tra vicini o tra i vari specialisti che offrivano servizi, un paio di giorni dedicati a questo tipo di lavoro non rappresentavano un prezzo troppo alto da pagare in confronto ai benefici. Se c'erano bambini nella comunità, il loro bisogno d'istruzione era soddisfatto da un volontario che aveva una certa competenza nell'insegnamento. In breve, il volontarismo si prendeva cura di quei bisogni che ancora non erano diventati abbastanza importanti da richiedere uno specialista a tempo pieno.

Questi servizi avevano tutto il diritto di definirsi "sociali". Sono specializzazioni che vanno a beneficio di tutti i cittadini e tuttavia non si identificano con i loro sforzi separati. Così come il macellaio, il panettiere e il calzolaio possono svolgere al meglio i loro lavori dove ci sono strade trafficate che conducono ai loro negozi, allo stesso modo queste strade sono utili alle casalinghe che li frequentano abitualmente. Se uno di questi mercanti chiudesse la sua attività, un altro ne prenderebbe il posto se necessario; se la strada trafficata venisse distrutta, ne soffrirebbe l'intera comunità. La manutenzione della strada è un servizio sociale come lo è la manutenzione di un ascensore in un palazzo. E la stessa cosa vale per la stazione dei vigili del fuoco, un sistema sanitario e il rifornimento d'acqua.

Il volontario part-time di un particolare servizio sociale è stato superato dai bisogni di una popolazione crescente. Sono emersi specialisti e questi dovevano essere pagati. Ma gli specialisti non necessitano di un potere di polizia per svolgere i loro servizi. L'autorità non costruisce impianti idrici, non smorza incendi, non ripara le strade; sono gli ingegneri, i lavoratori adeguatamente formati, e le macchine che svolgono questi compiti, e l'unica parte che l'autorità può svolgere in questa operazione è quella di raccogliere il denaro necessario dai cittadini e pagare i conti. Eppure, poiché la natura del potere politico è quella di espandere oltremodo la sua influenza, questi servizi finiscono assoggettati all'oligarchia; i lavoratori che svolgono il lavoro sono definiti "funzionari pubblici", vengono reclutati nell'esercito dello Stato e quindi acquisiscono un interesse nella sua perpetuazione e nell'espansione dei suoi poteri.

Estinguere un incendio potrebbe essere un'azione da affidare alle compagnie assicurative, il cui interesse vitale sarebbe quello di svolgere il lavoro nel modo più efficiente possibile e al costo più basso possibile. Un lavoratore assegnato alla pulizia delle strade sarebbe costretto dalla concorrenza a fare un buon lavoro e a farlo al prezzo stabilito; non ci sarebbe alcun bisogno di fare deficit per pagarlo. Se una compagnia telefonica può operare in modo efficiente e soddisfare i suoi obblighi, incluse le tasse, potrebbe farlo anche un sistema postale privato. In breve, all'interno di una Società non esiste servizio che può essere migliorato attraverso la sua politicizzazione, e che invece non potrebbe essere fatto meglio attraverso la concorrenza del mercato. La sola ragione per cui l'intromissione politica ne prende le redini è quella di conferire allo Stato (e c'è uno Stato in ogni città) una parvenza di competenza che in realtà non ha, in modo che il suo accumulo di potere possa apparire socialmente vantaggioso.

Il potere dello Stato è proporzionale alle sue entrate. Più denaro lo Stato si ritrova per le mani, più ne spende; non è capace di contenere la sua passione per il potere. Una tassa è un trasferimento obbligato di proprietà dal produttore al governante, e al trasferimento si accompagna il potere di disporre dell'ammontare del denaro raccolto. Anche se il modo in cui è possibile disporre delle entrate fiscali è circoscritto dalla legge, è ancora lo Stato, non il proprietario originario, che prende le decisioni. Più alta è la tassa, più ristretto è il campo delle scelte del produttore, e se a quest'ultimo vengono tolti tutti i suoi guadagni - il programma Comunista - diventa completamente dipendente dalla volontà di colui che dispone dei soldi sequestrati, anche nel modo di vivere. In questo modo la libertà dell'individuo è commisurata alla confisca fiscale. E le cose stanno così anche se la proprietà confiscata viene spesa in modi che, secondo lo Stato, vanno a beneficio del contribuente. Uno schiavo trattato bene rimane pur sempre uno schiavo.

Ciononostante, ci sono questi servizi generali o comuni che permettono ad una società di crescere sia in dimensione che in produttività, e bisogna pagare per ottenerli. È certamente un ambiente povero, non un bel posto in cui vivere, e pertanto non favorevole alle imprese, quello dove i fiumi di fango sono le uniche strade, il gabinetto esterno è l'unico dei sanitari disponibili, il pozzo è la fonte primaria per l'acqua. Ma non è questo il punto. La sola domanda importante è se esistono mezzi per pagare i servizi necessari allo sviluppo oltre alla tassazione. Forse sì, come un ascensore e un sistema di riscaldamento di un grande edificio possono finanziarsi autonomamente. Quando seguiamo la trasformazione di un piccolo aggregato di persone in una grande città, passo dopo passo notiamo che in questa evoluzione c'è una fonte di guadagni riconducibile ai servizi che vengono resi possibili.

Per il primo pioniere, prima che venga a crearsi una Società, il solo criterio per scegliere un luogo in cui lavorare verte sul flusso di denaro che gli renderà quel particolare appezzamento di terreno. Per lui quello è il "terreno" migliore. C'è un sacco di terreno tutt'intorno, e il secondo, il terzo e gli altri successivi migranti si preoccuperanno solo della produttività. Ma dopo un certo tempo, l'afflusso di persone tende a esaurire i terreni migliori, lasciando ai nuovi arrivati solo quelli di seconda scelta. I terreni di prima scelta sono superiori a quelli di seconda scelta, perché lo stesso ammontare di lavoro in essi renderà di più, e se i nuovi arrivati desiderassero i luoghi migliori offrirebbero ai primi occupanti un premio per il privilegio di usarli. Dovranno offrirsi di pagare un affitto. Considerate tutte queste cose, l'affitto che si troverebbero a pagare sarà uguale al differenziale di rendimento.

Finora è la fertilità del terreno a determinare l'affitto della terra. Ma, quando la popolazione aumenta fino al punto in cui entrano in gioco la specializzazione e il commercio, emerge una discriminante nella desiderabilità dei luoghi che non ha alcuna connessione con i raccolti. Il fabbro non ha bisogno di un acro per esercitare il suo mestiere, gli basta un lotto, e un dottore ha bisogno di uno spazio ancora più piccolo. In una frazione di fattoria, gli uomini sono capaci di produrre beni e servizi molto richiesti, e gli specialisti capaci di questo fanno offerte importanti per queste frazioni. Le loro offerte sono il risultato dell'affollamento e quest'ultimo è generato da una concentrazione di popolazione in una determinata area. È da qui che ha origine il termine *Main Street*, con i suoi negozi, i suoi hotel, i suoi teatri e le sue biblioteche.

Main Street non è solo la strada principale del Paese in cui sono raggruppati la maggior parte dei negozi. Lì una persona può godere dei piaceri della vita sociale, lì può produrre cose di valore, lì può mettere a buon uso i propri risparmi. È più di un luogo, è un'opportunità di dare e ricevere servizi. Questa opportunità viene ricercata, e l'intensità del desiderio di far parte di *Main Street* stabilisce il valore degli affitti. Le offerte per trovare un posto a *Main Street* non rappresentano un peso sul reddito dell'occupante, un salario sul suo lavoro o un interesse sul suo investimento, ma misurano piuttosto l'opportunità che il posto desiderato gli darà di lavorare e di investire il suo capitale. È per questa opportunità che egli è disposto a pagare una parte della produzione resa possibile dal risiedere in quel luogo. L'opportunità non gli costa niente, perché se non riuscisse ad esercitare le sue capacità e ad investire il suo capitale lì, se fosse invece costretto a posizionarsi "al di fuori della strada più frequentata", i suoi guadagni sarebbero proporzionalmente inferiori. Se può offrire alla clientela capacità rare, come il canto, è necessario che possa esercitare la sua attività a Main Street, perché altrove i clienti sarebbero di meno. Se possiede molto capitale da investire, può aprire il suo negozio o la sua merceria in questo fulcro della vita sociale, perché nella periferia il suo capitale sarebbe improduttivo. Paga per la produzione che può risultare da quel luogo, non per i suoi guadagni.

Main Street – qui usato come simbolo dell'economia di mercato – è resa vitale dalla popolazione. E la popolazione si concentra in quel luogo, perché quest'ultimo promette un ritorno sul lavoro e sul capitale investito, perché ci sono terreni buoni, porti, miniere, o, eventualmente, fabbriche. Sono questi i principali magneti che attraggono le persone. Ma dal momento che le persone non vivono di solo pane, i salari guadagnati iniziano a richiedere servizi che solo *Main Street* può fornire, e all'aumentare di questi salari aumentano anche tali richieste. Tra i servizi richiesti ci sono quelli che portano ad un miglioramento della vita, quelli che richiedono protezione dagli incendi, quelli che richiedono condizioni sanitarie migliori, strade migliori, riserve idriche migliori. Ma non appena spuntano queste richieste per un miglioramento della vita, il posto diviene attraente agli occhi di un numero maggiore di persone e le offerte per viverci si intensificano. Di conseguenza, i valori degli affitti aumentano. Ma aumentano parimenti le possibilità produttive. L'affitto è il riflesso della densità e della produttività della popolazione. La procreazione e l'immigrazione sono solo fattori parziali per quanto riguarda l'aumento degli affitti; ancora più importanti sono le capacità e le strutture che producono ricchezza situate a Main Street.

La relazione causa/effetto tra l'affitto e la produttività della popolazione ci suggerisce che il primo è un finanziamento appropriato da richiedere per quei servizi che non possono essere lasciati agli sforzi dei singoli produttori, ma che sono necessari per tutti quanti loro. Questo è un espediente suggerito dapprima dai fisiocrati francesi nel diciottesimo secolo e poi invocato da Henry George sotto il nome di "tassa singola". Come misura fiscale essa è raccomandabile per diversi motivi. In primo luogo, non è davvero una tassa, perché l'elemento della coercizione è assente nella raccolta degli affitti. L'affitto deve essere pagato come quando una qualsiasi persona va dal medico o quando vuole acquisire un qualsiasi bene economico. È un prezzo pagato per l'uso esclusivo di un luogo in particolare ed è determinato dalla libera concorrenza. Come nel caso di una cravatta o un biglietto per il circo, il prezzo viene fissato da compratori volontari; il possessore del luogo non ha nulla a che fare con il valore dell'affitto fissato. La sola questione è se sia nei migliori interessi della Società che questi affitti vengano pagati al proprietario del luogo o al Tesoro pubblico per sostenere i costi dei servizi sociali. Per l'occupante non ha rilevanza; a lui non importa se il ricevente dell'affitto sia un idiota, un genio, una corporazione, o la comunità.

Poi c'è la questione dell'equità. Dal momento che i servizi sociali attraggono la popolazione e pertanto conducono ad una produzione maggiore, cosa che a sua volta aumenta la rendita, potrebbe essere giusto che il costo per mantenerli sia proporzionale rispetto all'affitto. Potremmo dire, quindi, che l'affitto sale in proporzione alla disponibilità di servizi forniti da specialisti privati, come industriali, dottori, ferrovieri, intrattenitori e mercanti. Ma questi sono connessi alla densità della popolazione, la quale è influenzata direttamente dalle condizioni che rendono un certo luogo desiderabile. È possibile guadagnare abbastanza denaro lavorando in un campo minerario, dove non sono disponibili servizi sociali, ma un campo minerario è un posto miserevole per spenderci tutta la propria vita. La densità e la produttività della popolazione sono la causa primaria dell'esistenza dell'affitto, ma vi contribuiscono anche i servizi sociali forniti. Di conseguenza pare giusto che questo affitto sia usato per sostenerne i costi.

Infine, c'è l'ovvio miglioramento dell'abbondanza del mercato se le tasse venissero abolite, se la produzione fosse sollevata da questo costo. Una tassa è un'imposizione sui guadagni; è la coscrizione di una parte del salario che, se fosse lasciata al salariato, sarebbe risultata in una domanda effettiva di beni e servizi. I salariati vengono resi più poveri da questa imposizione. Dall'altro lato, l'affitto non è un peso sulla produzione, ma rappresenta solamente un pagamento per l'opportunità di produrre. Il mercante che afferma la sua noncuranza nei confronti dell'affitto pagato, fintanto che riesce ad esercitare la sua attività, è un economista eccellente; sa che non finirà al verde per colpa dell'affitto, sa che il suo pagamento è solamente una misura del volume delle vendite rese possibili dal luogo in cui si trova. Se allestisse il suo negozio in un'area meno frequentata, pagherebbe un affitto minore ma avrebbe parimenti un commercio inferiore. E sa che il prezzo che deve chiedere per la sua mercanzia è determinato dalla concorrenza, non dall'affitto che paga. A differenza di una tassa, che deve essere sommata al prezzo della mercanzia e assorbita dal consumatore, l'affitto è assorbito dalle transazioni commerciali; non può essere trasferito al consumatore.

Pur con tutto questo, la "tassa singola" non affronta il malessere principale che attanaglia la Società, rappresentato invece dalla tendenza del potere politico a invadere la libertà. È vero che Henry George affrontò questo problema, ma, come spesso capita a coloro che invocano riforme, la sua inclinazione ad ingrandire la sua proposta fino a farla diventare una panacea per tutti i mali lo portò ad assecondare violazioni dei diritti, considerandole questioni irrilevanti che si sarebbero corrette da sole. Sosteneva che la prosperità risultante dall'abolizione delle tasse avrebbe offerto guadagni nel campo dell'impresa privata tali che la politica non avrebbe potuto competere, e che solo coloro che avevano raggiunto un certo grado di competenza sarebbero entrati in politica per la gloria di rendere un servizio pubblico. Ma la sua tesi non combacia con i fatti della storia, né prende in considerazione l'ineluttabile impulso nella vita politica di acquisire sempre maggiori poteri. Il complesso del potere non può essere curato con la riforma fiscale. Così come le tasse sono usate per accumulare potere, anche gli affitti dei terreni potrebbero essere impiegati allo stesso scopo. È stato stimato che gli affitti in un Paese altamente produttivo, come gli Stati Uniti, rappresentano una somma più grande di quella delle tasse, e un cambiamento in questa situazione a favore dello Stato renderebbe tale istituzione più forte e più arbitraria rispetto ad oggi. Potrebbe usare il fondo degli affitti per acquisire un'industria, come le acciaierie, dichiarandola semplicemente un "servizio sociale". In una "democrazia", quanti voti potrebbero essere comprati con questi soldi?

Il meglio che si può dire per quanto riguarda l'uso dell'affitto per sostenere i costi di particolari servizi sociali, al posto delle tasse, è che il piano potrebbe funzionare bene in una comunità piccola. Ma non per via di una qualche virtù intrinseca, ma perché in una piccola comunità il potere politico è più reattivo al potere sociale, e qualsiasi tentativo di utilizzare il fondo degli affitti per scopi politici verrebbe subito accolto con disapprovazione dai vicini; ciò vale anche per le tasse in una piccola unità politica. Di conseguenza, nonostante tutti i meriti della "tassa singola", essa non sopisce i problemi antisociali risultanti dalle istituzioni politiche, la cura per i quali è il decentramento dei poteri, così da mantenere i politici a portata delle persone di cui gestiscono i soldi. Ma questa è un'altra questione.

Capitolo 12

Il profitto della riforma

C'è questo da dire in favore dei socialisti dichiarati e dottrinari, che la loro fede nello Stato è sublime. Per loro, l'istituzione del potere politico è l'infallibile pastore del gregge, la guida alla Società buona; ma è anche l'antidoto per tutti i mali, il creatore dell'abbondanza, l'incarnazione della giustizia, la sublimazione delle aspirazioni umane. Questo è quello in cui credono. A dire il vero, affettano un razionalismo elaborato, qualcosa che chiamano materialismo dialettico, che a sua volta poggia su un agglomerato verbale noto come economia Marxista. La logica e la realtà in quantità infinite sono state applicate a queste nozioni per dimostrare che sono solo nozioni. Ma tutte queste elucubrazioni si sono rivelate un mero spreco di forze per quanto riguarda influenzare i veri adoratori. Ancora ci credono. Non si può fare a meno di meravigliarsi, ed ammirare, la loro integrità devozionale.

La religione del socialismo si affermerà, sostengono i suoi devoti, solo quando il culto diabolico del capitalismo sarà eradicato. Fino a quel giorno felice lo Stato soffrirà di imperfezioni, ma queste imperfezioni non sono inerenti allo Stato; sono solo maligne escrescenze capitalistiche che soccomberanno facilmente alla chirurgia socialista. La vera gloria dello Stato diventerà evidente quando i sacerdoti consacrati saranno messi sul trono nei suoi templi (con la forza, se necessario), essi allora procederanno a dare manifestazioni quotidiane della sua onniscienza miracolosa, per non parlare della sua onnipotenza. Nel frattempo, è dovere dei fedeli costruire il potere dello Stato, per ridurre l'area di espressione del pensiero individualista eretico e pernicioso, in modo che quando la resistenza allo Stato diventerà futile non ci sarà nessuno competente ad amministrare correttamente la sua grandezza tranne i dotti vescovi della chiesa.

Per questo motivo troviamo i socialisti allineati con i non credenti nel perseguimento di riforme che promettono di migliorare il potere dello Stato. Ma essi non sono riformatori. Il loro interesse per le riforme nasce dalla convenienza; la riforma è semplicemente una manovra tattica che si adatta alla loro grande strategia.

Il riformatore è anche una persona devota, ma l'oggetto della sua devozione non è un ordine politico completamente rivisto, solo un miglioramento specifico di quello attuale. Il suo entusiasmo può portarlo a considerare le sue proposte come delle panacee, ma è principalmente interessato a correggere un male specifico, reale o immaginario. Chiede una legge, con le sanzioni del caso, che costringa le persone a cambiare le proprie cattive abitudini, che avrà effetti sulla giustizia sociale, che abolirà la scarsità e creerà l'abbondanza, che imbriglierà persino la natura ribelle. Qualunque cosa speri di raggiungere, la sua adesione è caratterizzata da un forte senso morale e dalla convinzione che il potere politico sia lo strumento per correggere la morale.

Che questa legge una volta applicata, se il riformatore riesce a farla approvare, produca i risultati che lui si augurava o dei mali peggiori di quelli che cercava di correggere, l'effetto netto è quello di aumentare il potere politico, per indebolire il potere sociale. Il beneficiario di tutte le riforme è lo Stato. Quindi il riformatore si rivela un alleato inconsapevole dei socialisti, che in realtà lo disprezzano per la sua mancanza di comprensione spirituale.

La riforma più nota di tutta la storia fu quella effettuata da Giuseppe il Nutritore. La Bibbia ci dice che il tutto iniziò con un sogno, cosa abbastanza caratteristica, perché tutte le riforme germinano nella fantasia. In questo caso, il male che Giuseppe cercò di correggere era una carenza nelle vie della natura; o almeno così dice la storia, anche se potrebbe essere che il dolore che fece visita agli Egiziani attraverso la carestia venne intensificato dalle tasse del Faraone; abbiamo ragione di credere che la tassazione, non la dissolutezza, lasciò poco con cui superare la depressione. Giuseppe la pensava diversamente, e la sua proposta per rimediare alla situazione si dimostrò molto gradita al Faraone perché implicava l'imposizione di un nuovo prelievo (qui abbiamo il primo caso conosciuto di "tassazione per fini sociali").

La riforma di Giuseppe era così sicura, ineccepibile a tutti gli effetti, che il Faraone la approvò con alacrità. E, naturalmente, tolse il riformatore dalla prigione di Potifar per consegnargli la carica di primo ministro. Quale fu il risultato della riforma? L'imposta sul reddito del 20% che Giuseppe raccolse durante gli anni d'abbondanza venne accumulata nel tesoro pubblico, come previsto, ma quando gli operai affamati la chiesero indietro, come promesso, vennero informati che c'era un prezzo d'acquisto sui loro beni confiscati. Il prezzo, in un primo momento fu tutto il loro capitale, il loro bestiame, e le loro terre, e quando tutto questo fu svanito, in preda alla fame, si vendettero come schiavi al Faraone. Così, la riforma di Giuseppe fece quello che fanno tutte le riforme, aumentò il potere politico. Forse Giuseppe non voleva che finisse in questo modo - i riformatori non devono essere biasimati per lo spirito contraddittorio delle loro riforme; probabilmente la sua conoscenza della scienza politica era un po' carente, da essa avrebbe potuto imparare che lo Stato non si lascia mai scappare la possibilità di accumulare potere.

Circa 40 secoli dopo i contadini dell'America si sono trovati di fronte ad un handicap economico di proporzioni simili. In questo caso il danno non era causato dalla natura ma dalla legge della terra. C'era una grande disparità tra il loro reddito e il costo della vita, causata dal fatto che mentre erano costretti ad accettare per il loro prodotto il prezzo fissato dal mercato mondiale competitivo erano contemporaneamente costretti a pagare tariffe per le loro esigenze di produzione. L'equità avrebbe richiesto l'abolizione delle tariffe, ma questo avrebbe indebolito il potere dello Stato, il che non andava affatto permesso. Così, spuntarono dei riformatori con l'idea che il reddito degli agricoltori poteva venire aumentato attraverso delle imposte prelevate sul resto della popolazione (anche se il reddito dei produttori protetti era migliorato dalle tariffe) al punto indefinibile in cui le entrate agricole avrebbero raggiunto le spese agricole. Questo era chiamato "parità". I politici adottarono questa idea non perché avessero compreso i termini della proposta di legge o avessero previsto i suoi effetti, ma perché la sua approvazione avrebbe garantito loro le preferenze a cui avevano dedicato la vita.

La manna promessa ai contadini si rivelò solo una promessa; dato che la maggior parte delle aziende agricole del Paese o sono di proprietà però con mutui ipotecari, oppure sono gestite in base ad un accordo di locazione, una parte considerevole delle sovvenzioni va ai creditori ipotecari o ai proprietari reali; più importante, il prezzo artificiale che lo Stato fissa per le colture le mette fuori dal mercato mondiale, mentre il mercato interno viene ristretto perché il potere d'acquisto dei consumatori viene diminuito dalle tasse. Come per tutte le sovvenzioni, con "l'aiuto all'agricoltura" alcune persone ottengono qualcosa in cambio di niente, il resto della Società paga il conto, e l'utile netto è un aumento del potere Statale. La riforma, infatti, ha prodotto un gran numero di problemi imprevisti, ognuno dei quali necessita di una legge correttiva e di maggiori funzionari pubblici, fino a quando infine il contadino americano si ritrova controllato e regolamentato, e molestato in altri modi ancora dall'autorità. Il sogno della riforma preannuncia sempre un profitto per il Faraone.

Quando si riduce l'astrazione del "potere politico" alla sua realtà operativa, al modo in cui funziona concretamente, vediamo come esso si nutre di riforme. Ogni proposta per migliorare la sorte dell'uomo mediante misure politiche richiede l'emanazione di una legge o di un editto ufficiale. La legge presuppone che alcune persone non stanno facendo ciò che dovrebbero fare o stanno facendo qualcosa che non dovrebbe essere fatto. Quindi, lo scopo della legge è di regolare il comportamento umano. La premessa stessa della legge è che dalla sua emanazione deriveranno violazioni o evasioni e che non sarà rispettata automaticamente; quindi, il cuore della legge è una clausola punitiva. Nessuna legge vale la carta su cui è stampata senza tale clausola, e nessuna legge ha alcun effetto se non è implementata da un corpo che la faccia applicare. Qui sta il segreto dell'accumulo e della perpetuazione del potere politico.

La riforma di Giuseppe venne applicata da coloro che la Bibbia chiama "agenti" - compagni robusti che eseguivano i loro compiti con determinazione. Se l'autorità è diffusa e altamente formalizzata, come in questo Paese, si ricorre all'arbitrio della forza solo quando falliscono i metodi più sottili di persuasione e di corruzione, metodi che richiedono i servizi di "funzionari" altamente qualificati, attualmente noti come burocrati. I burocrati sono persone, non diverse dalle altre persone che essi dirigono secondo la legge; anche loro sono propensi ad ottenere il massimo dalla vita con il minimo sforzo, ed anche loro regolano il loro modo di pensare in base ai mezzi a portata di mano. Essi sviluppano una particolare struttura professionale e mentale, una psicologia burocratica. È sui generis, o lo diventa dopo un periodo di assuefazione. La mente del burocrate può essere paragonata, senza intenzioni spiacevoli, alla mente criminale che prende forma dalle peculiarità del proprio mestiere. Come il criminale, il burocrate è avulso dalla disciplina del mercato, guadagnandosi da vivere non con la produzione ma con la predazione. Qui finisce la somiglianza, perché il commercio del burocrate è legalizzato e non soffre di disapprovazione sociale; infatti, poiché si presume che il burocrate sia un "funzionario pubblico", il suo mestiere acquista un'aura che né il ladro né il produttore possono sperare di avere.

Al burocrate piace il suo lavoro. Gli emolumenti possono essere o non essere alti quanto quelli che il mercato avrebbe pagato per i servizi che egli è in grado di rendere alla Società, ma la gloria che viene tributata a coloro che esercitano o rappresentano o hanno accesso al potere ha la sua importanza; i benefit per l'ego non sono da disprezzare. Ma il suo lavoro dipende dalla legge, non dalla produzione, e quindi la sua preoccupazione principale è la legge, la sua entrata in vigore, la sua perpetuazione, il suo allargamento. Più leggi ci sono, meglio è; che è un altro modo di dire che la mente del burocrate è pienamente in sintonia con le possibilità di riforma. La proliferazione delle riforme vuol dire proliferazione di mansioni burocratiche, con una corrispondente abbondanza di onorificenze e di opportunità per gli ambiziosi. Così, si palesa un interesse acquisito per la riforma, portando con sé lo sviluppo di una distinta coscienza di classe e delle competenze necessarie per la sua perpetuazione ed il suo avanzamento. La burocrazia è un'aristocrazia; è di vitale importanza per questa aristocrazia che, una volta stabilite, le cariche si perpetuino nel tempo, anche se l'occasione che le ha portate in essere è ormai svanita da molto tempo, e che quelle che non possono essere più tenute in vita vengano sostituite da altre. L'interesse fa sì che il potere dello Stato non diminuisca.

A rigor di termini, le leggi sono fatte da monarchi e legislatori. Fu il Faraone che proclamò la legge, non Giuseppe. Ma fu tramite il consiglio di Giuseppe che il Faraone agì. Nella nostra epoca "democratica", quando i parlamenti approvano le leggi, è il burocrate che le formula, che prepara gli argomenti a supporto (imboccando i legislatori), che stima (o sottostima) i costi di funzionamento, che mette in piedi l'apparato (i posti di lavoro) per la loro implementazione. E quando una legge non risolve il problema per cui era stata approvata, ma produce problemi propri, è la burocrazia che approva le correzioni. Ideologicamente, la burocrazia è sempre "di sinistra" (se con questo termine si intende l'ampliamento del potere Statale), non tanto per convinzione ma per interesse personale e per la psicologia del mestiere. Un burocrate è un socialista, o comunista, perché la sua attività gli richiede di pensare da socialista o da comunista.

Una volta che una legge entra nello statuto è al di là della competenza di chi l'ha approvata, i legislatori o il re, e diventa la speciale provincia privata di coloro che la mettono in atto. Quanto più numerose e prolisse sono le leggi, tanto più importanti ed autonomi sono gli specialisti che le mettono in atto. Nessun legislatore part-time (la cui principale preoccupazione è di essere eletto) o re (preoccupato di godersi il momento) può districarsi nel labirinto delle leggi senza una guida. Così il vero corpo dirigente del Paese è la burocrazia, le cui prospettive si ampliano con ogni riforma che diventa legge.

I poteri interventisti dello Stato sono in proporzione diretta con le sue entrate; deve avere i mezzi con cui fare le cose. Ma quella che si vede e che li attua è la burocrazia, dunque la sua dimensione è una misura evidente della grandezza di questi poteri. Per dirla in un altro modo, tutte le misure interventiste richiedono un'agenzia che le metta in atto, dal momento che non possono attuarsi da sole, e gli agenti di questa agenzia devono essere pagati - per non parlare del costo degli accessori necessari, come gli uffici e le attrezzature e gli edifici. Per quale scopo lo Stato impiegherebbe le sue entrate, se non avesse una burocrazia da mantenere? Il che, in un certo senso, è una ridondanza, poiché la burocrazia è lo Stato. Le spese dello Stato sono le spese della burocrazia, proprio come i poteri dello Stato sono realizzati attraverso le funzioni della burocrazia. È la dimensione e l'importanza di questa aristocrazia che attualizza lo Stato. Pertanto, quando questa aristocrazia avanza rivendicazioni sui soldi delle tasse, si sta semplicemente prendendo cura dei propri affari, e quando presenta una certa riforma che comporterà maggiori spese, agisce in modo coerente.

Una storia delle riforme in America dovrebbe dedicare la maggior parte delle sue pagine agli ultimi cento anni, e, se fosse realistica piuttosto che ideologica nella sua valutazione dei risultati, si concentrerebbe sulla crescita della burocrazia negli ultimi cinquant'anni. In principio, per esempio dal periodo della colonizzazione fino alla Guerra Civile, la preoccupazione preponderante del popolo Americano era produrre e accumulare; c'era poco interesse nella possibilità di migliorare la Società con mezzi politici. La Rivoluzione difficilmente può essere classificata come una riforma, dal momento che venne stimolata dall'urgenza di limitare il potere politico, non di ingrandirlo; l'aspettativa dei rivoluzionari era la libertà, non di ottenere favori dallo Stato, in modo da poter meglio proseguire nel proprio lavoro, nella produzione, nello spostamento, nel commercio, e nella ricerca della felicità. L'idea di utilizzare mezzi politici per migliorare le proprie condizioni difficilmente veniva presa in considerazione dai rivoluzionari perché c'era troppo poca produzione da confiscare. Le tasse erano basse e raccoglierle era difficile. Alcuni cittadini ed agenti inglesi godevano di quei pochi privilegi che la Corona conferiva loro, ma avevano poco valore in contanti e quindi suscitavano scarsa invidia. Le riforme, così com'erano, si limitavano alle pratiche morali e religiose, ma anche lì le autorità avevano scarso potere perché si poteva sfuggire ai loro interventi spostandosi nelle lande selvagge.

Dopo la Rivoluzione, il nuovo establishment politico iniziò a spargere il suo seme, economicamente parlando. Dal momento che la Costituzione, e lo spirito del popolo, avevano al guinzaglio il potere di tassare, l'establishment aveva ben poco con cui espandere le proprie prerogative; era troppo povero per attirare le riforme. Il meglio che poté fare fu elargire la vasta area inesplorata sulla quale aveva formalmente il controllo ai suoi protetti, tra i quali vari membri dello Stato, a fini di gioco d'azzardo. Alcune persone ricavarono delle belle cifre da questo omaggio, ma dato che rimaneva un sacco di terra da occupare, usare, anche per il gioco d'azzardo, la ricchezza così acquisita suscitava scarsa cupidigia e quindi nessun movimento di riforma; quando il bottino è abbondante e liberamente distribuito, il moralismo è fuori luogo.

L'unica riforma che mostrò la sua testa nei primi anni della Repubblica era l'urgenza di denaro a buon mercato. Iniziò nel Massachusetts prima ancora che la Costituzione venisse ratificata, ed i suoi sostenitori formavano, naturalmente, la grande classe debitrice che sperava di ripagare i propri debiti con carta tipografica stampata. La storia delle riforme monetarie, dalla Ribellione di Shays, alla lotta di Jackson contro la Banca degli Stati Uniti, fino al periodo delle selvagge banche a bassa capitalizzazione e del movimento dei Greenbackers, culminò infine nel ripudio del gold standard da parte di Franklin D. Roosevelt e nell'accettazione dell'inflazione come linea politica nazionale. Iniziò come un tentativo di sbarazzarsi dei debiti privati e finì con un subdolo schema di tassazione (l'inflazione); cioè, la riforma andò a vantaggio dello Stato. Ed ora che lo Stato ha preso l'inflazione sotto la sua ala, la burocrazia che la "controlla" è un'istituzione molto occupata ed impiega migliaia di operatori, inclusi dotti professori di economia. Che i debitori abbiano ottenuto un soldo dalla loro amata riforma è discutibile.

Un'altra riforma che incombeva nei primi giorni della Repubblica era l'agitazione sulle tariffe protettive, pro e contro. Non ne venne fuori nulla, tranne una Guerra Civile e tariffe più alte - ed un esercito considerevole di esattori, spioni ed "esperti" delle tariffe; cioè, una burocrazia. Il fatto che le industrie protette ebbero un record di fallimenti pari a quello delle industrie non protette indica che i sostenitori delle tariffe più alte non trassero molto profitto dalla loro riforma. Lo Stato sì.

Fu qualche anno dopo la Guerra Civile, quando tre secoli di sforzi produttivi diedero i loro frutti con un aumento generale della ricchezza e del tempo libero, che la riforma divenne un grande interesse in questo Paese. Durante l'ultimo quarto del XIX secolo il cittadino poteva scegliere fra un'infinità di riforme, ed ognuna di esse iniziava con la premessa che il potere politico avrebbe potuto migliorare economicamente, socialmente, moralmente, e anche culturalmente la sorte dell'uomo. C'erano il proibizionismo, il suffragio femminile, l'elezione diretta dei senatori, il libero conio dell'argento, i sussidi agli agricoltori, l'estensione del sistema educativo, le misure antitrust, il controllo delle ferrovie, e chi più ne ha più ne metta. Nel complesso, la redistribuzione della ricchezza suscitò l'entusiasmo più violento, e la maggior parte delle riforme auspicate aveva tutte le caratteristiche dell'invidia. I non abbienti si rivolgevano ai ricchi. I riformatori non facevano alcuna distinzione tra fortune che erano state accumulate attraverso uno sforzo produttivo e fortune che avevano avuto origine da privilegi politici; infatti, le riforme non prendevano di mira l'abolizione dei privilegi speciali, ma miravano a istituire più privilegi speciali per più gruppi. Il potere politico poteva rendere tutti ricchi.

Un esercizio promettente nelle scienze politiche sarebbe quello di seguire ogni riforma che è diventata legge fino alla sua conclusione finale; anche un esame sommario sostiene la teoria che tutte le riforme finiscono per aggiungere potere allo Stato, e che nessuna di esse raggiunge lo scopo che si aspettano i suoi sostenitori. Questo è certamente vero per l'imposta sul reddito, che dovrebbe essere chiamata la riforma delle riforme perché la sua realizzazione ha reso possibile un gran numero di altre riforme.

L'imposta sul reddito venne imposta durante la Guerra Civile e rimase in vigore per una mezza dozzina di anni con il fine di ripagare i costi di tale vicenda. La sua abolizione venne vigorosamente contrastata da coloro che avevano ormai gustato il sapore del sangue e la loro passione travolgente per questa tassa culminò infine nel Sedicesimo Emendamento. Era dichiaratamente una tassa di livellamento, c'era la presunzione che ciò che veniva preso dalle tasche dei ricchi in qualche modo sarebbe gocciolato nelle tasche dei poveri. Ma lo Stato, come ci dice la storia, non si preoccupa della sorte dei poveri o dei ricchi, si preoccupa solo del proprio avanzamento. Questa opportunità di mettere le mani nelle tasche non poteva quindi restare a lungo limitata, così le tasche da poche divennero ovviamente tante. Si comprese ben presto che tutte queste tasche contenevano collettivamente meno rispetto al bottino della busta paga nazionale, e quando questo fatto venne accertato lo Stato non ebbe più freni. Così la tassa "spenniamo i ricchi" divenne la tassa "spenniamo i poveri". La maggior parte delle entrate dello Stato americano deriva ora dai guadagni proprio di coloro che sono meno in grado di sopportarne il peso.

L'imposta sul reddito ha spalancato le porte della riforma. È interessante notare che, mentre nel XIX secolo la maggior parte delle riforme ha avuto origine nelle nozioni di elementi dissidenti nella popolazione, le riforme che sono diventate legge dopo l'introduzione dell'imposta sul reddito sono state istigate dai burocrati. Avevano il denaro con cui indulgere nella loro passione per il potere. Certo, le idee delle riforme sembravano scaturire dalle università, dai negozi, e dalle organizzazioni, ma ci sono prove che dimostrano come si siano originate dalla fantasia degli interessi costituiti, la cui macchina di propaganda diede all'entusiasmo per la riforma un sapore popolare. E così venne il New Deal, che è il nome dato ad una serie di interventi denominati "legislazione sociale". Ognuna di queste misure ha richiesto l'istituzione di un'altra agenzia esecutiva, più uffici, edifici e posti di lavoro. La burocrazia se la cavava bene da sola.

L'utile netto della riforma è l'accumulo di potere da parte dello Stato; la perdita netta è a carico della Società. Tra le riforme auspicate dai fratelli Gracco c'era quella del "panem et circenses". Pericle istituì una serie di progetti per dare lavoro e regnò per 30 anni, subdolamente ma con una mano di ferro. Bismarck era un riformatore. Mazzini fu il precursore inconsapevole di Mussolini. Lenin fu il massimo riformatore di tutti i tempi, nel senso che le sue riforme culminarono con la più grande, la più arbitraria, e la più spietata burocrazia che il mondo abbia mai conosciuto.

Capitolo 13

Il creatore della scarsità

Qualora lo Stato intervenga negli affari degli uomini, in particolare nei loro obiettivi economici, si viene a creare un ambiente a loro sfavorevole. Le conseguenze dell'intervento politico sono simili a quelle di un furto operato da una banda di rapinatori: la diminuzione delle cose grazie alle quali gli uomini sopravvivono. Stiamo parlando di conseguenze, non d'intenti. La banda di rapinatori non maschera affatto le sue intenzioni, mentre lo Stato le ricopre di una patina morale: la promozione del "benessere generale"; ma in entrambi i casi la somma dei beni di consumo e di quelli strumentali diminuisce. La Società ne ha di meno. Dal momento che il fulcro della struttura sociale è la continua lotta dell'uomo per evitare la scarsità e raggiungere l'abbondanza, le conseguenze deleterie dell'intervento dello Stato lo etichettano come una istituzione anti-sociale. Dev'essere considerato al pari di una banda di rapinatori, e solo la sua assillante protesta di avere degli scopi morali, presi per buoni solo perché essere scettici su tali argomenti ha buone probabilità di procurare dei disagi, impedisce alle persone di considerarlo tale.

La prima voce nel programma dello Stato è la tassazione, semplicemente perché lo Stato non esisterebbe senza di essa. Una tassa è un'imposizione coercitiva; non si tratta di un pagamento volontario reso per aver ricevuto dei beni o dei servizi. Nei tempi antichi, prima che venisse offuscata da un sistema normativo, la natura delle tasse era meglio compresa, poiché consisteva nell'appropriazione di beni per cui il produttore aveva lavorato nella speranza di poterne godere: il suo grano, il suo bestiame, o altri suoi beni. Questo rendeva concretamente evidente che la natura della tassazione è quella di produrre scarsità. Le cose non cambiano quando le tasse vengono pagate in denaro; si tratta sempre di qualcosa per cui il produttore ha lavorato nella speranza di poterne godere. Si tratta di scarpe, pane, intrattenimento.

La tassazione non solo priva il mercato di beni di consumo, che sono la misura dello stato di salute dell'economia di una nazione, ma riduce anche la capacità produttiva della Società assorbendone i risparmi, o il capitale. È ovvio che l'individuo non può risparmiare quello che non ha. E dal momento che i risparmi diventano investimenti in macchinari produttivi, la mancanza di risparmi si traduce in una carenza di quegli strumenti che rendono possibile l'abbondanza. Quindi la tassazione priva il consumatore delle sue soddisfazioni e diminuisce la possibilità di avere abbondanza nel futuro. In entrambi gli aspetti, la tassazione è un'istituzione che genera carenze, e questo non è quello che gli uomini hanno in mente quando si associano per formare la Società.

I difensori dello Stato sono soliti contestare questo fatto affermando che lo sforzo produttivo sembra aumentare con l'aumento della tassazione, deducendone che l'attività dello Stato è economicamente vantaggiosa. Ciò equivale a dire che le persone lavorano per pagare le tasse e che più sono alte le tasse più aumenterà la loro produttività. Se le cose stessero così, allora l'economia più ricca e prospera sarebbe quella in cui lo Stato confiscasse tutto ciò che viene prodotto - obiettivo rivendicato dal comunismo. Ciononostante le poche cifre riguardanti la produzione rilasciate dai Paesi comunisti raffigurano economie piagate dalla scarsità. E gli storici ci dicono che le pretese fiscali continue e progressive da parte degli imperatori romani generarono una mancanza d'interesse nella produzione imprenditoriale, così ché il flusso netto delle entrate fiscali diminuì e gli imperatori finirono per ricorrere alla conquista e al saccheggio per riempire i loro forzieri; quando la guerra si dimostrò svantaggiosa e la produzione non sufficiente per finanziare le spese, lo Stato cadde a pezzi. La tesi degli Statalisti si basa sulle cifre della produzione di questo Paese, le quali mostrano che l'aumento della pressione fiscale è stato accompagnato da un aumento della produzione. Ma questa è una coincidenza, facilmente spiegabile, e non una relazione di causa-effetto. Indica che la pressione fiscale americana non ha ancora raggiunto il punto dei rendimenti decrescenti. I due terzi dei guadagni che un americano può trattenere per sé, sono ancora sufficienti a stimolarlo a mantenere e migliorare i propri standard di vita. Una persona lavorerà duro per riparare ai danni causati da una tempesta, o per recuperare quello che un ladro ha rubato dalla sua cassaforte, ma questo non significa che la tempesta o il ladro migliorino l'economia. Ciò che perde a causa di un incidente o di un furto resta sempre una perdita, non un guadagno. L'elemento motore della produttività non è rappresentato dalle tasse, ma dall'incentivo interiore che ha un individuo a migliorare la propria condizione.

Ma a parte ciò, lo Stato non garantisce dei servizi che indirettamente aiutano nell'attività produttiva? Non restituisce forse alla Società qualcosa di valore in cambio di ciò che le prende? Il primo tra i servizi che lo Stato sostiene di fornire alla Società, è quello di difenderla contro la predazione da parte di altri Stati. Questo rappresenta un servizio non indifferente. Nei tempi passati, quando la politica morale aveva presupposti diversi, lo Stato dichiarava guerra con lo scopo di acquisire gloria mediante la presa di immobili, e con quello ancillare di portare la civiltà tra i barbari; l'ambizione di Napoleone era quella di imporre alle sue vittime la benedizione della "libertà", della "fraternità" e della "uguaglianza". Questo modo di pensare è andato fuori moda oggi; le guerre vengono combattute per proteggere la nazione dagli aggressori, appellativo che entrambe le parti usano riferendosi l'una all'altra. Tuttavia è ancora di rigore per lo Stato trionfatore allargare i propri territori sfruttabili a spese dei conquistati. Ma la nostra analisi non riguarda gli scopi della guerra, né le cause, e nemmeno la sua inutilità; ciò che ci interessa è l'effetto sull'economia della Società. La casalinga si ritrova maggiori risorse, o meno, come risultato di questa gloriosa avventura? La Società si ritroverà con scarsità o abbondanza? Qual è il profitto economico che scaturisce dalla protezione militare offerta dallo Stato? Mettendo da parte queste considerazioni economiche, resta il fatto insindacabile che ignorare l'affronto di uno straniero va contro la tradizione. Finché non trova un accordo fino all'ultimo dettaglio, nessun sassone guiderebbe un camion per un padrone normanno, e gli indiani si sono sempre risentiti del raj inglese. È questa avversione per il dominio degli stranieri che rende più facile suscitare una rivolta contro uno Stato così composto che contro uno indigeno. Tutto sommato, però, gli indiani stanno meglio dal punto di vista economico sotto il loro Stato rispetto a quando governavano gli inglesi? Ed i canadesi, che non hanno emulato gli americani nel liberarsi dalla corona inglese, godono nondimeno di uno eguale standard di vita. Questo per dire che nonostante la nazionalità dello Stato, la Società deve cavarsela utilizzando il classico processo di trasformazione delle materie prime, e la presunta protezione dello Stato non promuove né facilita tale processo. Dal momento che la Società assegna un grande valore all'indipendenza da uno Stato estero, non dovrebbe tirarsi indietro davanti al costo di mantenere questa indipendenza. Uno dovrebbe pagare per quello che vuole. Tuttavia quando esaminiamo il metodo più approvato nel finanziare la guerra, scopriamo che si basa sulla generale riluttanza a pagarne il conto. Ogni guerra viene combattuta con la produzione presente - non c'è modo di sparare con fucili che ancora non sono stati costruiti, o nutrire soldati con cibo che non è stato prodotto - ed ogni guerra in un senso assai reale viene condotta su una base "paghi? combatti". Ma coloro che producono i mezzi di guerra sembrano assegnare un valore più basso ad essa rispetto a coloro che la dichiarano, poiché essi richiedono ricevute per ciò che viene preso loro per la continuazione dello sforzo bellico; ricevute che diventano rivendicazioni sulla produzione futura, non solo a valore nominale ma anche con l'interesse richiesto dal patriottismo; è possibile che se lo Stato raccogliesse tutti i soldi necessari per la guerra mediante le tasse, non emettendo obbligazioni o anche emettendo solo obbligazioni non fruttifere, la guerra potrebbe fermarsi, prova ultima che la Società pone poco valore sugli scopi politici della guerra. La conseguenza economica del metodo più approvato nel finanziare le guerre è che si stabilisce un prelievo sulla produzione futura della nazione, e tale prelievo è quasi sempre permanente. Vale a dire, che per tutti i tempi a venire, o finché quello Stato resta in affari, i portafogli dei contribuenti devono contribuire al costo delle guerre "protettive" del passato. Ma la guerra, e la sua relativa preparazione, richiede un tributo che non ha niente a che fare con la protezione ed è un carico che grava in modo crescente sulla Società mentre cerca di migliorare le proprie condizioni: il potere che lo Stato acquisisce durante la guerra e non molla a guerra finita. Quando il nemico è ai confini della nazione, o c'è una paura diffusa che possa attaccare, l'individuo abbandona la sua autodeterminazione ed ubbidisce servizievolmente agli ordini di chi comanda; cede la sua libertà per guadagnare la libertà. O almeno lui la pensa così. Ma è più che provato dalla storia ormai che ciò che cede non gli verrà mai restituito in toto; deve combattere i suoi propri comandanti se vorrà indietro la sua eredità naturale. Lo Stato custodisce gelosamente il potere sulla Società che ha acquisito durante un clima di paura. Per provare questo fatto, non dobbiamo far altro che guardare alla storia dell'antica Roma, dove una successione di guerre protettive è finita con l'asservimento del popolo agli imperatori; per non parlare dei poteri interventisti acquisiti dallo Stato americano durante le guerre che ha combattuto; la somma è un gigantesco carico fiscale, una burocrazia gigantesca, un complesso ed intricato sistema statutario, e la convinzione popolare che lo Stato (temuto e disprezzato nel 1789) sia l'elargitore di tutti i beni di questo mondo. Quindi il servizio di "protezione" fornito dallo Stato non solo viene pagato con le tasse, ma anche con la sottomissione. Di conseguenza la Società diviene più povera.

È quando lo Stato cerca di gestire, regolamentare o controllare il mercato, o presume di entrarvi in veste di imprenditore, che la sua capacità di creare carenze si manifesta completamente. Necessariamente, lo Stato si avventura in queste imprese con l'unico strumento di cui dispone: la forza. Non ha altre risorse. Non che i burocrati, se si applicassero nel tessuto produttivo come normali individui, non potrebbero fare altrettanto bene di altri individui con le stesse capacità, solo che la burocrazia non sente alcun bisogno di soddisfare le condizioni del mercato; può contare sulla coercizione e il suo primo pensiero è usare la forza. E quest'ultima, in senso politico, equivale per il mercato a sabbia negli ingranaggi. Prendiamo in considerazione un paio di interventi dello Stato nel mercato intrapresi nel nome del cosiddetto "interesse generale". L'incoraggiamento del settore industriale autoctono attraverso la limitazione o l'esclusione delle importazioni è stata una procedura standard dello Stato da tempo immemore. Gli oggetti degli stranieri vengono esportati all'estero non perché essi vengono offerti, bensì perché vengono domandati. Un Paese importa solo quello che vuole. Di conseguenza un dazio ha l'effetto di limitare la necessità primordiale dell'essere umano - soddisfare i suoi desideri col minimo sforzo e al massimo dell'efficienza. Esso produce scarsità, quella stessa condizione che l'uomo cerca istintivamente di evitare. Questa non solo è il risultato del dazio, ma anche il suo stesso scopo. È uno strumento che produce intrinsecamente scarsità, ed in quanto tale è anti-sociale. Ciò è sottolineato dal mercato di cui gode il contrabbandiere, figura che emerge sempre non appena vengono introdotti dei dazi. Lo Stato, in particolare nei tempi moderni, spesso ricopre un ruolo imprenditoriale "per il bene della Società". Quando accade, fa inevitabilmente ricorso al suo monopolio della violenza per escludere la concorrenza nel campo in cui entra, o come minimo per metterle i bastoni tra le ruote. Impone la sua incompetenza - la sua mancanza di attrezzature se non per l'acquisizione o l'esercizio del potere - rimuovendo il confronto tra la sua performance e quella degli imprenditori privati. Calibra i suoi prezzi ed i suoi standard per soddisfare le sue di esigenze e non lascia spazio alla volontà del consumatore. Infatti, come accade con l'ufficio postale, lo Stato costringe coloro che non sono suoi consumatori a pagare per la sua esistenza; coloro che non mandano o ricevono una lettera sono forzati a sopperire attraverso le tasse alle perdite delle Poste. Queste perdite, queste passività, sono la prova lampante dell'inadeguatezza delle Poste, che lo Stato si sforza di far sopravvivere dichiarando che quelle passività rappresentano più servizi di quelli che paga il cliente dell'ufficio postale. Che le cose stiano così o meno, solo la concorrenza potrebbe dircelo, ed è qualcosa che lo Stato non permette. In base a queste circostanze, si può concludere con sufficiente sicurezza che ogni qual volta che lo Stato intende produrre beni o rendere un servizio per il quale esiste una domanda, lo fa senza riguardo alcuno per i desideri del consumatore. Che ciò faccia emergere carenze può essere accertato facendo il paragone con i servizi forniti dal settore privato negli stessi campi (come, per esempio, il servizio di telefonia e quello delle Poste). E creare carenze è un disservizio sociale. La tendenza dello Stato a far emergere carenze è meglio descritta quando tenta di regolamentare, gestire, o manipolare il mercato. L'occasione migliore per farlo è quando vi sono disordini sociali dovuti alla scarsità, che essa sia causata dalle stesse misure interventiste dello Stato o da qualche disastro naturale, come la siccità, un uragano, o un incendio. Dal momento che la scarsità causa aumenti di prezzo, a svantaggio del consumatore, lo Stato, il quale è totalmente incapace di produrre l'abbondanza che potrebbe ridurre il prezzo, ricorre ai propri poteri coercitivi per raggiungere tale scopo. Fallisce sempre; e come se non bastasse le misure che mette in campo causano inevitabilmente carenze di un ordine di grandezza superiore. Un esempio di ciò è il tentativo stupido di controllare o manipolare gli affitti. Il costo incrementale dello spazio per vivere è causato da una carenza di case. Mettendo da parte la distruzione accidentale di case, la carenza generalmente nasce dalla deviazione di materiali e lavoro dalla costruzione di case alla produzione di materiale militare. Non vengono erette nuove abitazioni e non vengono demolite quelle vecchie. In base a queste condizioni l'azione del mercato è quella di fare salire i prezzi dello spazio ad un livello a cui alcuni residenti non saranno in grado di permetterselo, mentre altri saranno costretti a rinunciare a qualcosa pur di porre un tetto sopra la loro testa. Ciò causa insoddisfazione, cosa che lo Stato s'impegna a lenire ordinando perentoriamente ai proprietari di case di tenere gli affitti ad una certa cifra; così facendo distoglie l'attenzione dalla causa reale del fenomeno, e ne incolpa la cupidigia dei proprietari di case. Dal momento che gli affitti sono fissati per legge, sono invariabilmente inferiori al costo di mantenimento delle proprietà, compresi i servizi che accompagnano l'affitto, infatti è come se lo Stato imponesse al proprietario di mettere mano al portafoglio per compensare la differenza. Ciò significa costringerlo a regalare il proprio capitale all'affittuario. Per evitare questa conseguenza, e rimanere nei limiti della legge, il proprietario taglierà i servizi impliciti nell'affitto, così come le riparazioni necessarie per la conservazione della proprietà. Presumendo che non ci sia collusione tra l'affittuario ed il proprietario per quanto riguarda infrangere la legge, in questa situazione l'affittuario paga meno per il suo spazio rispetto al prezzo di mercato, ciononostante ottiene anche meno cose: meno riscaldamento, meno riverniciature, meno riparazioni idrauliche, meno pulizie, meno servizi di ascensori, e così via. Quindi gli affitti sono controllati solo sulla carta. I controlli degli affitti hanno il solo effetto di far acuire la carenza di case. I costruttori sono riluttanti nell'investire il loro capitale nella costruzione di case poiché, a causa dei controlli, non frutteranno un ritorno adeguato per compensare i costi o adeguato a quello che renderebbe un investimento simile in un altro settore. È un fatto noto che poche case, molte meno di quelle necessarie, sono state costruite in Francia sin dal momento in cui essa ha istituito un rigido controllo dei prezzi dopo la prima guerra mondiale. Cioè, le incursioni dello Stato nel mercato, nell'interesse del "benessere pubblico", finiscono sempre a svantaggio della Società. L'ingegno dello Stato nel trarre vantaggio da ogni possibilità di promuovere la sua agenda, ovvero, l'accumulo del potere, è illustrata dal modo in cui l'establishment politico americano ha trattato la scarsità aggravata dalla sua campagna di controllo degli affitti. Osservando che il controllo degli affitti non aveva messo sotto controllo, anzi aveva peggiorato, la carenza di case, ed essendo riluttanti ad ammettere il loro errore, hanno aggiunto ai controlli alcuni sussidi. Sovvenzioni ai costruttori, ai banchieri perché concedessero prestiti ai costruttori e a coloro che affittavano case. I costruttori sopravvalutarono i progetti immobiliari intrapresi, i banchieri concessero più prestiti di quelli che avrebbero concesso in mancanza di sussidi (che lo Stato garantì di pagare in caso di default), e gli imprenditori ricevettero ciò che avrebbero perso se fossero dipesi dai pagamenti in base al controllo degli affitti. La differenza tra gli affitti di mercato e quelli decretati per legge venne compensata dalle tasse. Una conseguenza di questa manovra fu di caricare sulla schiena dei contribuenti un carico fiscale persistente; un'altra, e questa è la più importante dal punto di vista dello Stato, fu l'istituzione di una burocrazia permanente per gestire i problemi causati dai sussidi al settore immobiliare: la valutazione della concessione dei prestiti, la supervisione degli standard di costruzione, la valutazione degli ammortamenti e dei pagamenti degli interessi, l'imposizione di regole e regolamenti per gli affittuari sovvenzionati. Per non parlare degli sfratti. La Società si ritrovò le tasse e lo Stato si ritrovò il potere. Ciò si verifica ogni qual volta lo Stato presuppone di regolamentare il mercato. I controlli degli affitti sono semplicemente un esempio. I controlli dei prezzi di qualsiasi tipo producono scarsità, e pertanto fanno salire i prezzi ancora più in alto semplicemente perché il prezzo artificiale scoraggia la produzione dell'abbondanza che avrebbe automaticamente ridotto i prezzi; i controlli dei prezzi hanno lo stesso effetto sulla produzione di una fabbrica, che il il salario di sussistenza ha sulla produzione di uno schiavo E in un'economia interconnessa, dove ogni campo specializzato incide ed è dipendente da altri campi, il tentativo di manipolare il prezzo di una merce costringe per forza di cose a manipolare quello di un altra; il prezzo fisso di una tazza di caffè necessita il controllo del prezzo del latte, dello zucchero, dei chicchi di caffè, del trasporto e di tutti i servizi coinvolti nel portare la bevanda al consumatore. Anche i salari, l'elemento più significativo dei costi, devono essere inclusi nella categoria della rigidità. È ovvio che lo sforzo di regolamentare la distribuzione debba essere seguito da un tentativo di regolamentare la produzione, l'allocazione delle materie prime, l'aggiustamento degli standard di produzione, la limitazione della varietà - fino alla scarsità. Un'economia non può rimanere a lungo metà libera e metà socialista. Non appena la Società si aggiusta all'intrusione statale e l'accetta come una condizione necessaria dell'esistenza, la scarsità risultante richiede un'altra interferenza, cosa che è facilmente introducibile a causa dell'intrusione precedente. Cosa intendiamo nello specifico per prezzo, salario, affitto, interesse? Questi meccanismi del mercato funzionano da soli e si auto-controllano, senza la necessità che gli attori di mercato se ne preoccupino. Essi riflettono ciò che fanno gli esseri umani; i prezzi salgono se gli esseri umani producono meno e richiedono più beni; scendono quando gli esseri umani producono di più e consumano di meno; ciò accade automaticamente e nonostante le normative. Non possono essere controllati dal potere politico, e lo Stato conferma questo punto quando include nella legge sul controllo dei prezzi una sanzione. Quest'ultima non è diretta al prezzo in questione, ma alle persone. Questo è l'unico campo in cui lo Stato ha una qualche competenza - la regolamentazione del comportamento umano mediante l'uso della coercizione. Il controllo dei prezzi costringe il consumatore a non pagare di più rispetto a ciò che dice la legge e costringe il produttore a non accettare di più. Se uno dei due o entrambi disobbediscono, scatterà la sanzione. Quindi il controllo dei prezzi non ha come obiettivo il "controllo dei prezzi" in quanto tale, cosa che va oltre i poteri dello Stato, bensì il controllo del comportamento umano. E ciò, ovviamente, significa negare la libertà - cosa che non tange minimamente lo Stato.

Capitolo 14

Una questione di grado

Lo Stato piccolo può fare alla Società le stesse cose che può fare uno Stato di grandi dimensioni, ma non nella stessa quantità. La tirannia e il terrorismo dei moderni signori comunisti è di un tipo che ricorda le pratiche di Sparta, e venticinque secoli prima che Roosevelt lanciasse il New Deal, Pericle aveva messo in piedi qualcosa che gli rassomigliava. Sparta ed Atene erano aggregazioni di piccole dimensioni, rispetto alle loro controparti moderne, e quindi c'erano meno persone da tenere a bada; inoltre, visto che erano meno produttive, i burocrati avevano meno cose su cui mettere le mani. Ma il modello di intervento e di confisca era lo stesso. Uno Stato è uno Stato, ora come in passato, indipendentemente dalle dimensioni della sua vittima, ed a prescindere dall'ideologia affettata nella sua gestione. È sempre in guerra con la Società.

La storia delle nostre divisioni politiche - Stati e città - è ben disseminata di casi di "corruzione". I titoli dei nostri giornali e l'oratoria durante le nostre campagne elettorali testimoniano periodicamente la persistenza di pratiche predatorie da parte della politica, anche nelle nostre piccole comunità. "Escludete i mascalzoni" è il grido di battaglia standard nella nostra gara di pesca per le preferenze politiche, cosa che indica che la furfanteria è all'ordine del giorno. Ma quando si scava fino in fondo alla furfanteria, quel che si trova è una legge interventista introdotta all'insegna della fustigazione morale. È la legge stessa che stimola la cupidigia del funzionario e del suo complice privato. Il poliziotto non avrebbe rubato una banana dal carretto del venditore ambulante se non ci fosse stata una legge che disciplinava l'attività dell'ambulante, e gli schemi per evadere le tasse, quali la corruzione, sono l'inevitabile conseguenza della tassazione. L'interventismo è la merce di scambio di ogni istituzione politica, e la "corruzione" è il suo corollario.

Come esempio illustrativo, su una scala piuttosto grandiosa, c'è la metropolitana di New York. In origine questa ferrovia venne costruita da imprenditori sotto una concessione rilasciata dai "padri della città". Come condizione per la concessione, la tariffa venne fissata a cinque centesimi. Per un po' tutto andò bene; la Società forniva un servizio adeguato e pagava i suoi debiti, compresi gli interessi sul suo debito obbligazionario. Mentre la città attirava nella sua orbita sempre più comunità circostanti, la Società ampliò il suo chilometraggio, come richiesto, e in poco tempo la tariffa di pochi nichel non coprì più i costi operativi. La Società chiese il permesso di aumentare la tariffa. I politici, benefattori delle persone, rifiutarono la richiesta e la "tariffa di pochi nichel" divenne un grande tema nella campagna elettorale. Fin dall'inizio c'era chi sosteneva a gran voce il possesso e la gestione pubblici, definendo la concessione un "regalo", ma vennero zittiti come socialisti; gli obbligazionisti erano i più rumorosi in questa denuncia. Ma, quando la Società andò in default per il pagamento degli interessi, e le obbligazioni di conseguenza persero valore, furono gli obbligazionisti che chiesero alla città di rilevare la loro quota; non avevano alcuna obiezione al socialismo se implicava un profitto per loro. Alla fine, una "riforma" dell'amministrazione, guidata da un sindaco di marcata persuasione socialista, predispose l'acquisto delle obbligazioni ad un prezzo di gran lunga al di là della quotazione di mercato. I contribuenti, come al solito, pagarono il conto. Poco dopo la metropolitana venne "tolta alla politica", nel senso che il prezzo venne portato a dieci e poi a quindici centesimi, ed i deficit sono ancora all'ordine del giorno. La metropolitana è ora un monopolio posseduto dalla città, gestito da burocrati, il cui principale interesse è la perpetuazione dei loro lavori, non il trasporto ferroviario.

Non c'è "corruzione" evidente in questa operazione, ma è noto che gli speculatori mostrarono un vivo interesse per le obbligazioni quando i prezzi scesero sotto la valutazione della proprietà fisica, e che le vendettero alla città per un bel profitto; anche se nessun funzionario fosse coinvolto in questo (che è come presumere che i funzionari sono più che umani), il fatto è che questa impresa di ferrovia pubblica ha costretto i cittadini a finanziare l'acquisizione e continua a costringerli a far fronte alle perdite operative. Il tutto fu fatto dall'establishment di una città, non da quello nazionale. Infatti, la città di New York ha stabilito un modello per la nazionalizzazione delle ferrovie nel Paese: un organismo di regolamentazione, con il potere di fissare i prezzi e costringere la continuazione di un'attività non proficua, spinge l'azienda verso il fallimento, in modo che i proprietari siano disposti a vendere la loro proprietà ai contribuenti, e la burocrazia migliora la propria posizione.

Prendiamo in esame un altro caso. È impossibile che in una piccola cittadina venga istituito un dipartimento "pesi e misure"; il potere sociale presto manda in rovina il mercante disonesto, se non addirittura fuori dalla comunità. In una città come New York è presente lo stesso potere sociale, ma non si fa sentire con lo stesso vigore a causa della moltitudine di possibili vittime. Diverse lamentele spingono il politico sagace a denunciare un "problema", ed ecco che spuntano fuori una legge ed un dipartimento statale "pesi e misure". Tuttavia il dipartimento statale presto s'accorge d'essere a corto di lavoro; è in competizione con il potere sociale, il quale è di gran lunga più efficiente della polizia nel sanzionare pratiche disoneste.

Ma un corpo ufficiale non è mai scoraggiato dalla mancanza di qualcosa da fare; la sua capacità di far emergere problemi da risolvere è limitata solo dai finanziamenti a sua disposizione, ed i finanziamenti sono proporzionali alla grandezza ed alla produttività dei contribuenti. Quindi il dipartimento "pesi e misure" si evolve in un corpo investigativo, col potere di ficcare il naso nella negligenza di altri corpi politici e guadagnare prestigio denunciando qualche vigile del fuoco che svolge un secondo lavoro (contro la legge), o denunciando alcune prostitute che la polizia aveva lasciato in pace. Finire sui titoli dei giornali, poi, serve al dipartimento per ottenere credibilità e giustificare i propri costi. Questi due esempi di burocrazia ed interventismo politico nella più grande città di questo Paese possono essere traslati, sebbene non in una scala così grande, ad ogni altra città. Laddove le opportunità sono più ghiotte, i politici diventano più affamati. Pertanto ne consegue che più è piccola la comunità, più è possibile confinare i funzionari pubblici ai loro doveri legittimi, ovvero, mantenere la pace e dispensare giustizia. Al contrario, più è grande il complesso politico, più ci saranno opportunità per esercitare ed abusare del potere politico. Nel caso limite si potrebbe addirittura ridurre questo fatto della scienza politica ad una formula matematica. Più importante, però, è la ragione che sta dietro questo fatto.

Il potere sociale diminuisce all'aumentare del potere politico, e quest'ultimo si espande proporzionalmente alla grandezza e alla ricchezza della comunità su cui impone la propria autorità legale. In altre parole, più il potere politico è lontano da coloro il cui comportamento vuole controllare, più risultano allentati i vincoli sociali sulla sua propensione ad espandersi. Questo perché siamo esseri umani; il nostro lavoro non ci libera dagli istinti e dalle motivazioni alla base della nostra natura. In una piccola comunità il principe o il senatore o lo sceriffo, si trovano sotto la costante sorveglianza dei vicini, e la loro opinione sul suo comportamento ha ripercussioni reali; il desiderio di conservare la loro stima o la paura di una loro punizione incide sui suoi atti ufficiali. Il politico deve vivere insieme ai suoi vicini, proprio come un mercante deve vivere coi suoi clienti, e l'ostracismo sociale è un prezzo troppo alto da pagare per indulgere nella passione per il potere che la sua posizione genera. Al crescere delle dimensioni della comunità, diminuisce l'influenza del vicinato. Gli affari pubblici diventano troppo complessi per l'uomo occupato dal dover vivere la propria vita, e il suo interesse per tali affari sbiadisce di conseguenza; solo quando viene toccato personalmente dalle questioni politiche, se ne preoccupa. In tali circostanze, il politico è pressoché libero di agire come vuole. Un'altra ragione per cui il potere sociale si attenua, è la frantumazione della sua omogeneità all'aumentare della popolazione; gli interessi di gruppo sostituiscono l'interesse comune ed il politico si ritrova sotto una molteplicità di pressioni. Quest'ultimo viene messo nella condizione di acquisire potere dalle dichiarazioni e le ambizioni di varie fazioni, ognuna delle quali è disposta a barattare il bene comune per il vantaggio personale. La logica della situazione lo obbliga ad appoggiarsi a quelle fazioni che, a causa della loro predominanza numerica o economica, sono le più promettenti.. per quanto riguarda la sua volontà di accumulare potere. I gruppi di pressione, piuttosto che le sanzioni sociali, tracciano il suo percorso ed il suo problema diventa la scelta degli alleati. Così quando il re incontrava forti opposizioni da parte dei baroni feudali, si alleava, per un periodo di tempo limitato, con il proletariato delle città; e di questi tempi è una pratica politica standard per un candidato perorare la causa degli agricoltori contro la popolazione urbana, o corteggiare i lavoratori salariati promettendo loro di depredare chi detiene capitali, o formare alleanze con gruppi etnici, economici, sociali e persino criminali per ottenere voti. La sua emancipazione dalle sanzioni sociali della piccola comunità fa di lui un "imprenditore del potere". La sua attività non può fiorire senza risorse, e queste ultime sono determinate da quello che può estrarre dai produttori. Nelle comunità piccole i produttori, essendo relativamente pochi, possono scrutinare meticolosamente le sue spese ed opporsi alle tasse. Nelle comunità più grandi, in cui esistono anche vari gruppi di pressione, questa sorveglianza tende a scomparire; le persone sono troppo occupate a badare ai loro affari privati per prestare attenzione alla complessità degli affari pubblici. La tendenza quindi è di identificare gli affari pubblici che più interessano loro, o che più interessano al gruppo cui aderiscono. Sotto queste circostanze il politico è in grado di presentare un programma convincente che chiama "necessità di servizi per la Società", ma che sotto un attento scrutinio si rivela solamente una lista di spese grazie alla quale una serie di gruppi o individui dominanti nella comunità sperano di migliorare la loro condizione personale. L'opposizione alle spese e alle tasse è quindi indebolita, e le opportunità per il politico migliorano.

Ogni budget è un compromesso di interessi. Ogni legge sulle tasse, anche nelle città più piccole, contiene una promessa di riscuotere una somma sempre più consistente da un gruppo di cittadini rispetto ad un altro, con l'intenzione implicita di favorire parte della cittadinanza a spesa di un'altra. Nella retorica della politica non esiste discorso più convincente di quello riguardante la "capacità di pagare"; è convincente perché tocca nel vivo il peccato molto comune della cupidigia, e fa appello all'invidia e alla gelosia di cui pochi uomini sono capaci di liberarsi. L'insinuazione della cosiddetta "capacità di pagare" è che il "povero" ci guadagnerà qualcosa se sarà in grado di "spennare il ricco"; ma è una questione opinabile se sia la speranza di guadagnarci qualcosa o la possibilità di portare i ricchi al suo livello che rende la "capacità di pagare" così accettabile agli occhi del "povero". Il concetto di lotta di classe è uno degli strumenti più convenienti per lo Stato. Alla fine solo l'establishment politico trae vantaggio dalla riscossione delle tasse; le sue attività prosperano, mentre le attività della Società, la produzione di beni e la disponibilità dei servizi, rallentano in base al peso della pressione fiscale. L'apice delle aspirazioni politiche viene raggiunto quando le entrate emancipano il politico dai vincoli delle sanzioni sociali. Avendo i mezzi necessari per operare nella sua sfera, può ergersi al di sopra della Società e ricoprire il ruolo di Statista; cioè, può assumere una capacità di migliorare il "bene comune", almeno per come lo vede lui, indipendente dalle limitazioni e dalle manie di chi deve pagare il conto. La sua indipendenza economica gli induce la convinzione di avere acquisito una coscienza costituita da aspirazioni collettive, di gran lunga superiore alla somma delle singole miopi aspirazioni di un Tom, un Dick, o un Harry; conosce il loro bene meglio di come lo conoscano loro. Vive in un mondo tutto suo, in cui Tom, Dick e Harry rappresentano solo dei mezzi, e non sono delle persone. Le sanzioni sociali diminuiscono in importanza all'aumentare della tassazione. E la tassazione aumenta all'aumentare della popolazione e della produzione. L'incidenza della tassazione nelle nostre città è l'esempio lampante; all'inizio il valore degli immobili era quello maggiormente colpito; adesso, nelle città più grandi, le tasse sulle vendite, le tasse sui salari, le tasse elettorali, le tasse sull'occupazione degli spazi, le tasse sugli alcolici ed una varietà di autorizzazioni, gabelle e licenze fanno parte della struttura fiscale. Ogni imposta viene giustificata da "spese pubbliche necessarie", nonostante la decisione sulla loro necessità ricada sulla burocrazia. Molto spesso la ragione per cui è stata approvata un'imposta sparisce, ma la tassa stessa resta; come quando gli interessi sulle obbligazioni continuano a pesare sulla comunità, nonostante la strada o la scuola che dovevano servire a finanziare siano già state realizzate.

Così si spiega l'urgenza che storicamente l'establishment politico ha mostrato per la centralizzazione, l'espansione delle città e la creazione di nazioni, nella quale devono essere incluse le imprese imperialiste. Più è ampia l'area che deve essere controllata, più sarà debole la resistenza delle pressioni sociali; più sarà grande la popolazione da tenere sotto controllo, più contribuenti per riempire le casse della politica. La centralizzazione crea una distanza protettiva tra lo Stato e la Società, ovvero, l'emancipazione dello Stato dalle sanzioni sociali. In un villaggio la cittadinanza ha un'influenza immediata sul comportamento della politica; quando il villaggio viene inglobato nella Città di Chicago, questa influenza tende a scomparire, in particolare il suo impatto sulla tassazione. La comprensione dei pericoli della centralizzazione e dell'emancipazione del potere politico dal controllo sociale, ha dato i natali al costituzionalismo. Una costituzione s'impegna a definire la portata del potere politico, a delimitare le funzioni che lo Stato può assumere, come condizione perché possa godere di supporto pubblico. Sebbene abbia tutti gli aspetti di un accordo contrattuale, nessuno Stato ha mai adempiuto ai propri obblighi; la sua brama intrinseca per quanto riguarda l'acquisizione del potere non può essere scongiurata per legge. Il migliore esempio di ciò è la storia della Costituzione Americana. Essa è nata dalla convinzione che uno Stato sia intrinsecamente incapace di contenere la sua brama di potere, e coloro che l'hanno scritta non solo hanno definito l'ambito di competenza del nuovo Stato ma hanno anche definito un "sistema di controllo" che avrebbe presumibilmente dovuto tenere a freno tale bramosia. Essa dichiara esplicitamente che tutti i poteri che non elenca sarebbero rimasti nelle mani dei singoli Stati, con un chiaro riconoscimento del fatto storico che il potere politico è meno virulento quanto coloro che lo detengono sono vicini a chi li deve controllare. Questa idea dei diritti degli Stati, della divisione dell'autorità, era intesa per bloccare la centralizzazione. Inoltre aveva l'effetto di imbastire una sorta di concorrenza tra gli Stati, cosicché se un establishment politico avesse voluto estromettere i propri cittadini dal processo decisionale, questi sarebbero potuti scappare varcando il confine dello Stato e andandosene in un altro. Oltre a questi "pesi e contrappesi" e alla dottrina dell'*imperium in imperio*, c'era una ulteriore formidabile barriera alla centralizzazione nell'accurata limitazione dell'autorità di imporre tasse. Nonostante tutto ciò, lo Stato americano è stato capace di eludere i termini dell'accordo stilati nel 1789; interpretando ed emendando la legge è riuscito a raggiungere la centralizzazione proprio come ci è riuscito qualsiasi altro establishment ricorrendo alla forza. Quando paragoniamo l'intento dei "padri fondatori" - e prendiamo in considerazione le relative pressioni sociali - con lo stato attuale degli affari politici, possiamo affermare che la costituzione originale è stata sostituita da qualcosa di diverso. In sostanza l'intento era quello di fornire una forma di istituzione politica che avrebbe lasciato inviolata l'immunità degli individui, delle loro proprietà e della loro mente. L'immunità degli individui è andata a farsi benedire quando è stata istituita la coscrizione militare come politica nazionale, e quest'ultima è stata intesa come un obbligo di usare le truppe nelle guerre di nazioni straniere; ciò non era contemplato nel 1789. L'immunità della proprietà è stata abolita dal Sedicesimo Emendamento, che, affermando il primo vincolo dello Stato sui profitti dei cittadini, nega loro il diritto alla proprietà privata; con la perdita di questo diritto, quello alla vita lo ha seguito a ruota. L'immunità della mente è stata violata da mezzi più subdoli ma non meno efficaci, messi in piedi dai proventi dell'imposta sul reddito: con la creazione di una vasta macchina di propaganda per incanalare il pensiero a favore delle imprese statali, compresa la distorsione dei fatti relativi alle sue attività; mediante sussidi e favori alla stampa e alle opere in grado di influenzare l'opinione pubblica; mediante la sovvenzione delle scuole e degli insegnanti.

Se la costituzione redatta nel 1789 non è stata in grado di contenere la tendenza dell'establishment federale a catturare sempre più potere, è ragionevole concludere che nessun corpo di leggi possa raggiungere tale scopo. La chiave della centralizzazione, del consolidamento della conquista, è la tassazione. In base a quanto detto, il Sedicesimo Emendamento ha fatto a pezzi la costituzione di cui è apparentemente solo una parte. Ha dato al ramo Esecutivo i mezzi per indebolire l'indipendenza del Congresso (che si supponeva dovesse tenerlo sotto controllo), poiché con gli enormi fondi a sua disposizione può acquistare l'obbedienza del ramo legislativo e sopprimere qualsiasi opposizione. Ha praticamente reso possibile la liquidazione dell'autonomia degli Stati, dapprima rimuovendo le loro fonti di entrate e poi mettendoli in riga mediante sovvenzioni; la dottrina dei diritti degli Stati ha quindi perso tutto il suo significato. Ha fornito all'autorità politica abbastanza capitale da potersi avventurare sul mercato in veste di produttore, distributore, finanziatore, editore, agricoltore, medico, datore di lavoro, e a svantaggio degli imprenditori privati. Ha investito lo Stato del ruolo di più grande elargitore di elemosine mai visto nella storia del mondo. E insieme a tutte queste misure interventiste è arrivata anche una gigantesca burocrazia il cui compito è stato quello di perpetrare ed espandere tutti questi interventi. Quindi un solo cambiamento nella costituzione è bastato a spazzarne via l'intento originale.

All'interno delle loro rispettive aree, i singoli Stati (che a loro volta sono sotto le limitazioni costituzionali) e le città (che operano sotto i limiti dei loro Stati) hanno emulato l'autorità federale. Gli aumenti delle loro popolazioni sono stati seguiti da aumenti della produttività e dalla comparsa di una certa abbondanza, che hanno aperto la strada ai raid politici nel mercato. I proventi di tali incursioni, sempre travestite da uno scopo sociale, hanno incrementato il potere politico ed il potere sociale è diminuito. È una ovvietà vera da secoli: che il potere sociale ed il potere politico sono sempre stati in conflitto; che la povertà di uno rappresenta l'opulenza dell'altro; che uno prospera dalla predazione mentre l'altro dalla produzione. Possiamo paragonarli ai piatti di una bilancia che nessun decreto parlamentare può alterare. Ne segue che l'autorità politica non può essere contenuta mediante un contratto. Nessuna limitazione costituzionale mai inventata è riuscita a tenere i politici all'interno della sfera d'azione designata: preservare la pace nella Società, garantire l'equità tra produttori, assicurarsi che nessuno possa calpestare nessun altro. È necessario quindi un altro strumento di controllo se la Società non vuole essere periodicamente ingoiata dallo Stato.

Capitolo 15

Si può sempre sperare

Prescrivere un rimedio non spetta ad un diagnostico, e sarebbe ciarlataneria se lo facesse quando ha dubbi sul suo valore curativo. Può essere che la lotta tra la Società e lo Stato sia inevitabile; può essere nella natura delle cose che la lotta continui fino alla loro distruzione reciproca permettendo la nascita di una nuova Società, una nuova struttura politica in grado di seguire un nuovo destino.

Forse la malignità è insita nell'uomo. Sarebbe sciocco suggerire che i quadrupedi maschi, spinti dal desiderio riproduttivo, dovrebbero pensarci due volte prima di impegnarsi in battaglie mortali per il possesso delle femmine, ed è possibile che la lotta storica tra l'organizzazione sociale e l'organizzazione politica abbia gli stessi fondamenti.

Supporto per questa conclusione si trova nel terreno che abbiamo battuto.

Cominciando con l'uomo - da dove altro si può cominciare? - lo scopriamo spinto da un impulso interiore a migliorare la sua situazione e ad ampliare il suo orizzonte; una infinita capacità naturale di desiderare che lo conduce da una gratificazione ad un'altra. Ogni gratificazione rappresenta un dispendio di lavoro, che, in quanto produce una sensazione di stanchezza, egli considera sgradevole. La sua inclinazione è di bypassare il lavoro il più possibile, ma senza sacrificare le proprie gratificazioni.

A supporto di questo *modus operandi* naturale si pone un'abilità peculiarmente umana: la facoltà della ragione (è questa facoltà che suggerisce una possibile soluzione al conflitto Stato-Società, di cui parleremo in seguito). La sua ragione dice all'uomo che l'attività di moltiplicare le proprie soddisfazioni è meglio perseguita attraverso la cooperazione con i suoi simili.

Così sorgono la Società e le sue tecniche: la specializzazione e lo scambio, l'accumulo di capitale, la concorrenza. La Società è un dispositivo risparmia-lavoro, inventato istintivamente; non è un accordo contrattuale (non più di quanto lo sia una famiglia), ma come la famiglia germoglia dalla composizione naturale dell'uomo.

Il metodo del mercato rende di più per meno lavoro, rispetto all'autosufficienza individuale, ma il prezzo che esige è sempre il lavoro. Non c'è modo di sfuggirvi. Eppure, si tratta di un prezzo pagato con riluttanza, e da questo conflitto interiore tra il costo e i desideri arriva il dramma dell'uomo organizzato.

L'impossibilità di ottenere qualcosa in cambio di niente, il *summum bonum*, non bandisce la speranza o intimidisce l'immaginazione, e nel suo tentativo di realizzare questo sogno, l'uomo finisce spesso per dedicarsi alla predazione: il trasferimento del possesso e il godimento di soddisfazioni dal produttore al non produttore. Dal momento che gli uomini lavorano solo per soddisfare i loro desideri, questo transfert induce una sensazione di dolore, e in risposta a quella sensazione il produttore istituisce un meccanismo di protezione.

In condizioni primitive, si affida ai propri poteri di resistenza alla rapina, alla sua forza personale coadiuvata con le armi che ha a sua disposizione. Questo è il suo Governo. Dal momento che questo cruccio della protezione interferisce con la sua attività principale di trovare soddisfazioni, ed è spesso inefficace, è assolutamente disposto a consegnarlo ad uno specialista quando la dimensione e l'opulenza della Società richiedono tale servizio. Il Governo fornisce il servizio specializzato di tutelare il mercato.

La caratteristica distintiva di questo servizio è che gode di un monopolio della coercizione. Questa è la condizione necessaria per lo svolgimento dell'attività; l'eventuale ripartizione dell'autorità vanificherebbe l'obiettivo per il quale è stato creato il governo.

Tuttavia, resta il fatto che il Governo è un'organizzazione umana, costituita da uomini che sono fatti esattamente come gli uomini che servono. Vale a dire che anche loro cercano di soddisfare i loro desideri con il minimo sforzo, e anche loro sono insaziabili nei loro appetiti. Oltre ai desideri comuni che possiedono tutti gli uomini, il personale del Governo acquista una peculiarità nella sua attività lavorativa: l'adulazione riversata su di loro, perché solo loro esercitano la coercizione. Sono persone a parte.

Le onorificenze che derivano dall'esercizio del potere suscitano una certa passione per il potere, in particolare su quegli uomini le cui capacità non verrebbero notate sul mercato, e la tentazione di espandere l'area del potere è forte; la funzione negativa della protezione è troppo limitante per gli uomini ambiziosi. Quindi, la tendenza nel mondo della burocrazia è quella di dotarsi della capacità per svolgere delle funzioni positive, di invadere il mercato, di impegnarsi a regolare, controllare, gestire e manipolare i suoi meccanismi.

In realtà, non può fare nulla del genere, poiché i meccanismi del mercato sono auto attuativi, tutto ciò che il potere politico può ottenere con i suoi interventi è di controllare il comportamento umano; ottiene obbedienza con la minaccia di punizioni fisiche. Questo, infatti, è l'inizio e la fine del potere politico. Tuttavia, tale è la costituzione dell'uomo che egli guarda, e a volte adora, il suo simile che lo domina, ed è questo senso di superiorità acquisita il principale profitto dell'essere un pubblico ufficiale.

Il passaggio dal Governo negativo allo Stato positivo è caratterizzato dall'uso del potere politico per scopi predatori. Nella sua ricerca del potere, la burocrazia prende in considerazione l'ineluttabile passione per la possibilità di ottenere "qualcosa in cambio di niente", e procede a conquistare il sostegno di quei segmenti della Società che sono più inclini a riempirsi le tasche senza troppi sforzi.

Si tratta di un accordo di *quid pro quo*, con il quale il potere di costrizione è subaffittato ad individui o gruppi privilegiati in cambio della loro acquiescenza all'acquisizione del potere. Lo Stato vende privilegi, che non sono altro che un vantaggio economico ottenuto da alcuni a scapito di altri.

Nei tempi antichi, il gruppo privilegiato era una classe di proprietari terrieri, che forniva supporto militare al potere politico, o un gruppo mercantilista, che contribuiva alle casse imperiali grazie ai profitti generati da un monopolio politicamente garantito; con l'avvento del suffragio popolare, che rendeva la preferenza politica dipendente da un consenso più ampio, divenne necessario estendere la corruzione, e così arrivò la sovvenzione degli agricoltori, degli affittuari, degli anziani, degli utenti dell'energia elettrica, e così via. Il loro interesse nello Stato li rendeva disponibili ai suoi scopi.

È questa alleanza a scopi predatori che caratterizza lo Stato. Senza il sostegno dei gruppi a cui concede privilegi, lo Stato collasserebbe. Senza lo Stato i gruppi privilegiati scomparirebbero. Il contratto è radicato nella legge della parsimonia.

Lo strumento che mette lo Stato nella posizione di poter contrattare con chi elegge a suo favorito è la tassazione. In principio, quando è una comunità molto semplice a creare il governo, si ammette che i suoi agenti non possano essere produttivi e quindi che debbano essere supportati dal mercato. I servizi devono essere pagati.

Ma il modo in cui si paga per i servizi del Governo pone un problema: le imposte sono oneri obbligatori e non pagamenti volontari, e la loro raccolta deve essere affidata alle medesime persone che vivono su di esse; il potere di coercizione che gli viene affidato lo usano per raccogliere i loro stessi stipendi.

Che questa funzione debba essere perseguita con vigore è comprensibile. Eppure, dove il potere politico è sotto la costante sorveglianza della Società, l'urgenza di aumentare le tasse al fine di ampliare il potere politico può ancora essere tenuta al guinzaglio. Ma questa limitazione perde potenza quando la Società cresce per dimensioni e complessità degli interessi che accoglie; la preoccupazione dei suoi membri per le imprese produttive attenua il loro interesse per gli affari pubblici, che tendono a diventare preoccupazione esclusiva dei funzionari pubblici.

Ne deriva la centralizzazione del potere politico, che è solo la sua uscita dal dispositivo di restrizione delle sanzioni sociali, e la conseguenza è che i prelievi fiscali crescono a ritmo sostenuto. L'istituzione politica - la corte di Luigi XIV o la burocrazia altrettanto non produttiva del moderno Stato "sociale" - acquista così l'autosufficienza; ha i mezzi per finanziarsi e per finanziare iniziative volte all'accumulo di potere.

C'è sempre una ragione valida e sufficiente per aggiungere altre tasse. Il tempio di Salomone, le strade di Roma, il sostegno alle "industrie nascenti", la preparazione militare, la regolamentazione dei costumi, il miglioramento del "benessere generale" - tutte richieste per manipolare il mercato, e il prodotto finale di ogni manipolazione è un aumento del potere dello Stato.

Alcuni degli stanziamenti finiscono a qualche membro della Società, in modo da soddisfare quell'impulso di "qualcosa in cambio di niente", almeno temporaneamente, e in modo da stimolare una certa tolleranza per l'istituzione e così da cancellare la comprensione del suo carattere predatorio. Fino a quando lo Stato non raggiunge il suo obiettivo finale, l'assolutismo, la sua risposta alle rimostranze per le tasse è che tutti i prelievi fiscali vengono pagati da "altri", e tale affermazione pare calmare gli animi.

Guardando velocemente alla biografia delle istituzioni politiche, la pratica di acquistare il supporto dei gruppi privilegiati e sovvenzionati muta quando lo Stato diventa autosufficiente; cioè, quando il mercato è completamente sotto il suo dominio. Lo Stato diventa allora l'unica classe privilegiata. L'abitudine e la necessità riducono la Società ad una condizione di sottomissione alla burocrazia e alla polizia, le componenti dello Stato.

Questa condizione è attualmente conosciuta come totalitarismo, ma in realtà non è altro che conquista, la conquista della Società da parte dello Stato. In questo modo, che lo Stato si sia originato dalla conquista o meno, come hanno affermato alcuni storici, il risultato finale delle istituzioni politiche prive di controllo è lo stesso: la Società viene ridotta in schiavitù.

Ma questa non è ancora la fine. La statura dello Stato cresce depredando, la statura della Società si riduce in proporzione. Per una spiegazione di questa antitesi torniamo alla composizione dell'uomo. Troviamo che lavora solo per soddisfare i suoi desideri, dei quali ne ha una moltitudine, e che i suoi sforzi sono in proporzione al fatto di riuscire a soddisfarli.

Se il lavoro che investe non produce profitto, o se l'esperienza gli suggerisce che non ce ne sarà alcuno, il suo interesse nel lavorare sfuma. Cioè, la produzione diminuisce in base alla quantità di espropriazione che deve sopportare; se l'espropriazione è abbastanza grave e l'evasione diventa impossibile, al punto che l'uomo impara ad accettarla come un modo di vita e dimentica cosa sia davvero, la sua produzione tende al minimo, alla mera sussistenza.

Ma, poiché lo Stato vive di ciò che espropria, il calo generale nella produzione che provoca per la sua avarizia annuncia la sua rovina. La sua fonte di reddito si prosciuga. Così, mentre abbatte la Società, abbatte anche sé stesso. Il suo collasso finale è di solito occasionato da una guerra disastrosa, ma prima di tale evento c'è una storia di tasse crescenti e scoraggianti sul mercato, che causano un calo nelle aspirazioni, nelle speranze e nell'autostima delle sue vittime.

Quando parliamo della scomparsa di una civiltà, non intendiamo che un popolo si è estinto. Ogni olocausto lascia dei superstiti. Quello che la caduta di una civiltà implica è la scomparsa dalla memoria di un accumulo di conoscenze e di valori che una volta facevano parte di quel determinato popolo.

Le arti e le scienze prevalenti, la religione ed i costumi, i modi di vivere e di guadagnarsi da vivere vengono dimenticati. Non vengono cancellati da un mucchio di polvere, ma da una generale mancanza di interesse nelle soddisfazioni marginali, cioè in quelle cose che gli uomini si sforzano di raggiungere una volta che la lotta per l'esistenza è stata vinta. Si può riuscire a fare a meno di coltelli e forchette quando procacciarsi del cibo diventa sufficientemente problematico, e la funzione principale degli abiti è quella di fornire calore, non ornamento.

Al contrario, mentre le necessità primarie vengono soddisfatte, l'uomo comincia a sognare nuovi mondi da conquistare, compreso il mondo della mente: cultura, idee, valori. Le conquiste accumulate diventano gli indizi di una civiltà. La perdita di una civiltà è il contrario di questo processo di accumulazione culturale. È la rinuncia, per una questione di necessità, a quelle soddisfazioni che non sono strettamente essenziali per l'esistenza. È un processo di oblio mediante la forza delle circostanze; è un'astinenza imposta dall'ambiente in cui si vive.

A volte la natura potrà imporre per un po' l'astinenza, ma i dati mostrano che l'uomo è capace di superare gli ostacoli posti alle sue ambizioni. L'ostacolo che non sembra in grado di superare è la sua tendenza alla predazione, che dà luogo all'istituzione dello Stato; ma è questa istituzione che induce in ultima analisi un clima di inutilità, una mancanza di interesse per lo sforzo, e distrugge così la civiltà di cui si nutre. O almeno questo è quello che ci mostrano i dati: tutte le civiltà che sono scomparse o sono andate perse si portavano sulla schiena uno Stato onnipotente.

Il crollo di uno Stato significa l'indebolimento di quegli strumenti di coercizione per mezzo dei quali i frutti del lavoro di qualcuno venivano trasferiti verso dei dominatori improduttivi o ai loro complici. In seguito, forse per secoli, prevale di nuovo la libertà, gli uomini imparano a sognare e sperare di nuovo, e la realizzazione di ogni sogno attraverso lo sforzo favorisce ulteriormente la fantasia e genera uno sforzo maggiore; così si moltiplica la ricchezza, la conoscenza si accumula, prendono forma le abitudini, e i valori non materiali raggiungono un certo grado di importanza nella gerarchia dell'uomo. Nasce una nuova civiltà.

Anche se qualcosa della civiltà perduta viene ripreso per caso, ciò che viene riscoperto deve essere assimilato da zero; la nuova civiltà non cresce da quella precedente, ma emerge dagli sforzi dei vivi. In ogni caso, la storia ci dice che non può nascere una civiltà fintanto che un istituzione politica si attacca ad essa, si nutre di essa, e alla fine la divora. E la storia ricomincia.

Si può sfuggire a questo ciclo? Che si sappia no. Ciononostante, essendo la speranza quello che è, non si è mai smesso di cercare la formula per una "Società buona" e dal laboratorio della mente umana sono uscite un certo numero di utopie. La connotazione di irrealtà che tale parola ha acquisito deriva dal fatto che ogni utopia ignora la leva operativa dell'uomo: egli cerca di soddisfare i suoi desideri con il minimo dispendio di fatica.

Ogni "Società buona" evocata da filosofi e riformatori presuppone un uomo immaginario che gestisca il suo comportamento secondo i dettami della pura ragione e che tenga conto degli effetti a lungo termine di ogni suo atto. Poiché non esiste un tale uomo, o non lo conosciamo, ogni schema utopico è indulgentemente catalogato nella categoria delle fiabe, interessante ma irreale.

Certo, l'uomo è un animale che ragiona e se dovesse sottoporre la questione al vaglio della sua ragione concluderebbe che ottenere "qualcosa in cambio di niente" è impossibile; ciò che si acquisisce "gratis" deve essere stato fornito da qualcun altro. Ammetterebbe che una Società costituita interamente da consumatori, per esempio di pirati, non potrebbe esistere. Riconoscerebbe senza discutere che la produzione deve precedere il consumo, che lo scopo della produzione è il consumo, che niente sarebbe prodotto se non ci fosse alcuna possibilità di esserne soddisfatti. Non deve essere un economista per arrivare a tali conclusioni. Tutto ciò, direbbe, è buon senso.

Eppure, con quanta facilità il buon senso prende il volo al palesarsi della prospettiva di una gratifica o di un profitto immeritato! La ragione non manca della logica sufficiente per raggirare sé stessa quando si tratta di una elargizione. Il beneficiario non trova niente di incongruo in un regime di "panem et circenses"; ecco la prova visibile che "qualcosa in cambio di niente" non è un miraggio.

È la fredda logica che genera l'urgenza di tariffe "protettive" o è la passione per ottenere più di quanto si dà? Quando lo Stato si impegna a fornire energia elettrica "a buon mercato" per una parte della popolazione a scapito di un'altra, ci sono sufficienti ragionatori a sostegno di tale organizzazione. Le librerie sono piene di tomi che giustificano sussidi di ogni genere, e il livellamento - o il prelievo forzato da uno per dare ad un altro - è stato a lungo la preoccupazione preferita di cervelli professionisti. Aristotele, il primo dei logici, trovò un sillogismo per sostenere la più antica forma di sfruttamento che l'uomo conosca.

Sì, l'uomo è dotato del dono della ragione, ma è anche in possesso di appetiti e di una avversione al lavoro, e troppo spesso la sua ragione si piega alle sue altre caratteristiche. Il fallimento degli utopisti di accettare questo fatto, o di accettare l'uomo come è e non come dovrebbe essere, conferisce ai loro sistemi una qualità onirica.

In generale, l'utopismo si divide in due categorie principali: quello anarchico e quello comunista. Il primo pone come sua premessa fondamentale la ragionevolezza e la bontà dell'uomo, che vengono deviate quando si introduce la forza. È il poliziotto, dice l'anarchico, che fa il criminale; se si toglie il primo l'altro scompare.

L'utopista comunista, d'altra parte, incolpa per di ogni disordine sociale l'istituzione della proprietà privata; una volta abolita tale istituzione (con o senza la forza, secondo l'utopico), emergerà una "Società buona" (tra l'altro, anche la maggior parte degli utopisti anarchici abolirebbe la proprietà privata con la stessa forza che criticano; a quanto pare, la forza è lodevole quando viene utilizzata dalla persona giusta per il giusto scopo).

La premessa anarchica, che il poliziotto è venuto prima e ha creato il ladro, manca di supporto storico; è apparsa la figura dello sceriffo solo a causa del contrabbando di bovini. La premessa comunista, che la proprietà privata è la radice di tutti i mali sociali, presuppone che l'uomo lavori per il gusto di lavorare, senza considerare la prospettiva del possesso e del godimento. Neanche questa premessa coincide con l'esperienza osservabile, e quindi i sillogismi costruiti da entrambi gli schieramenti sono pervasi da irrealtà.

Tutti i programmi utopistici pongono una particolare attenzione all'organizzazione politica dell'uomo. Il filosofo anarchico (basandosi sulla perfettibilità dell'uomo attraverso l'educazione) è convinto che quando l'individuo ritornerà in sé, non avrà bisogno o non tollererà lo Stato. Il comunista ritiene che sia necessario uno Stato onnipotente non solo per spazzare via la proprietà privata, ma anche per eliminare l'inclinazione del singolo al possesso, e si aspetta che tale strumento si "estingua" quando verrà raggiunto tale scopo.

Poi ci sono gli utopisti che percorrono una via di mezzo tra queste due scuole; accettano lo Stato come un fatto della vita (o perfino come decreto divino) desiderabile o inevitabile, e si prefiggono di liberarsi dalle sue imperfezioni col pensiero legalistico; *La Repubblica* di Platone è l'esempio più noto. Tutte le utopie sono caratterizzate da un elemento: evitano di riconoscere che lo Stato è stato eretto dall'uomo e che è fatto a sua immagine, e che se l'uomo non fosse costantemente a caccia di "qualcosa in cambio di nulla" non avrebbe mai costruito una tale istituzione.

Un certo riconoscimento indiretto del fatto che lo Stato è l'immagine dell'uomo, o viceversa, si trova in quelle utopie che pretendono un rigore scientifico. A partire da una teoria che non è altro che un'ipotesi non dimostrata, amano dotare lo Stato di un carattere socialmente utile. La teoria sostiene che l'uomo non è un animale che ragiona, o che pensa, e certamente non possiede istinti fissi o immutabili; il suo comportamento è interamente costituito da azioni riflesse indotte dal condizionamento ambientale.

Da questa premessa (accettata dai suoi sostenitori come assioma) ne consegue che l'uomo sarà ciò che i suoi influssi ambientali lo costringeranno ad essere, e che l'uomo "perfetto" emergerà dall'ambiente "perfetto". È lo stampo che fa l'uomo. Se, dunque, volessimo migliorare la condizione dell'uomo dovremmo impegnarci a migliorare lo stampo in cui questo protoplasma deve essere versato.

Ma come e da chi deve essere costruito questo stampo? È certamente un lavoro colossale, che solo lo Stato con il suo monopolio del potere è in grado di eseguire. Ma lo Stato stesso è un'istituzione umana, e quindi sorgono perplessità su come possa questo essere umano non-pensante delegare allo Stato il compito di produrre l'ambiente "perfetto".

Gli "scienziati" escono da questo dilemma logico mettendo da parte momentaneamente la loro teoria di base e ammettendo, almeno tacitamente, che alcune persone sono infatti in grado di pensare. Per un motivo ancora inspiegabile, questi "scienziati" sono stati in grado di liberarsi dalle loro influenze ambientali e sono effettivamente in grado di ragionare; per questo motivo sono stati scelti (da essi stessi naturalmente, dal momento che nessun altro è in grado di giudicare le loro capacità) per redigere il progetto dell'ambiente "perfetto" che lo Stato dovrà poi portare a compimento, usando la propria forza.

La certezza del successo sarà assicurata affidando il potere agli "scienziati". E noi che non possiamo pensare siamo per questo impossibilitati a mettere in discussione sia la logica sia la solidità della loro utopia.

L'utopia - la "Società buona" - è un'impossibilità? Uno sarebbe portato a rispondere affermativamente. Ciononostante chiunque ragioni sulla capacità dell'essere umano di mettere in perfetto ordine la propria vita sociale, deve tenere in conto il fatto biologico della longevità. L'uomo cerca di soddisfare i suoi desideri mentre vive, non quando la morte ha interrotto i suoi appetiti, e le cifre attuariali gli dicono solo quanto tempo può aspettarsi di vivere. Il suo comportamento è necessariamente determinato dalla sua aspettativa di vita. Questo vuol dire che nella natura delle cose il suo è un punto di vista di breve termine, sebbene la sua prospettiva possa essere allungata da una preoccupazione per il benessere dei suoi posteri, i suoi figli e nipoti. Oltre a ciò c'è il "futuro del suo Paese", un interesse speculativo che ha poco spazio nelle sue faccende giornaliere. Il banchiere sa bene che le obbligazioni dello Stato nella sua cassaforte non rappresentano beni prodotti, ma solamente rivendicazioni sulla produzione; "l'interesse" che rendono è incarnato dalle tasse ed egli sa d'essere di fatto un esattore. Né ignora il carattere inflazionistico di questi pezzi di carta: che nel lungo termine svaluteranno tutti i suoi asset così come quelli dei suoi depositanti, impoverendo tutti quelli che li possiedono.

Inoltre, se si ferma a pensarci, deve sapere che più di queste obbligazioni detiene e più deve sostenere le attività fiscali dello Stato, perché il deprezzamento del valore di queste obbligazioni potrebbe mandarlo in bancarotta. La prudenza lo obbliga a trascurare tali considerazioni; si ritrova a cooperare con i programmi fiscali dello Stato, anche se ha il sospetto che agendo in questo modo si ridurrà ad essere un mero segretario. A causa del suo bisogno di mostrare un profitto annuale, si ritrova a mettere da parte qualsiasi scrupolo possa avere riguardo le obbligazioni dello Stato. Il futuro dovrà prendersi cura di sé stesso.

Il presidente di una grande impresa s'è abituato a vivere in base ad un certo reddito. Gli piace condurre una tale vita e piace anche a sua moglie. È vero che ha guadagnato un sacco di soldi e che lo Stato ha confiscato i due terzi di questo ammontare. È infastidito da questa confisca, desidererebbe poter trattenere di più e migliorare il proprio standard di vita, ma scopre che gli conviene adattarsi al volere dello Stato. Forse la sua impresa è totalmente o parzialmente in affari con lo Stato; in tal caso il suo reddito deriva dalle tasse che è costretto a pagare. È vero che i suoi impiegati nel complesso pagano molto più di lui, e sebbene non se ne sia accorto, la probabilità è che percepisca un certo profitto in questa allocazione delle tasse. Forse, se non fossero tassati, i suoi impiegati comprerebbero i prodotti della sua impresa con la stessa liberalità dell'esattore delle tasse, ma vendere ad una moltitudine di acquirenti comporterebbe un ventaglio maggiore di problemi legati alle vendite e al credito, e per il momento (l'unica cosa di cui gli interessa) considera più semplice fare impresa con un Unico Grande Compratore. Assume quindi un lobbista affinché curi i suoi interessi. Ma se le vendite dei suoi prodotti calano ad un punto in cui viene intaccato il livello di profitti a cui è abituato - perché, ad esempio, le tasse hanno privato i clienti abituali del loro potere d'acquisto - guarda con favore alle attività inflazionistiche dello Stato. La distribuzione di una quantità maggiore di denaro, sebbene contraffatto, arricchirà temporaneamente la popolazione e gli permetterà di sfoggiare strabilianti grafici di vendita. L'infusione di nuovo denaro nell'economia avrà l'effetto di svalutare il valore della sua fabbrica fino a portarlo sull'orlo della bancarotta, non importa quanto abbia messo da parte per i ricambi; ma questo problema riguarderà il prossimo presidente e gli azionisti del futuro. Quest'anno bisogna pagare i dividendi.[1]

Ci vorrebbe un agricoltore stupido per non capire che essere pagati per non produrre è un'anomalia; sarebbe un inensibile se non si infastidisse per le regolamentazioni che accompagnano questa generosità. Malgrado ciò il bisogno immediato di un trattore o di una televisione hanno la meglio su tali considerazioni, inclusa la possibilità che suo figlio non diventi mai un agricoltore indipendente. L'affittuario sovvenzionato potrebbe scorgere alcune connessioni tra il suo privilegio e le deduzioni sulla sua busta paga; anche così, gli fa piacere sapere che i suoi alloggi gli costano meno rispetto a quelli dei suoi vicini non sovvenzionati. La vecchia signora che vive dei pagamenti della "previdenza sociale", il veterano di guerra la cui fattura medica viene presa in consegna dallo Stato ed il perdigiorno che riceve un sussidio di disoccupazione, non sono affatto preoccupati riguardo il futuro. Anche il filosofo che presagisce oscuri avvenimenti alla fine finisce per ignorarli, se la necessità lo richiede, e nel comfort di una donazione immeritata trova consolazione per i suoi timori. Siamo condannati a vivere nel presente.

La necessità biologica rende irreale il punto di vista di lungo termine e facilita le operazioni dello Stato. La necessità di vivere il presente piega la volontà di vivere alle condizioni in cui è possibile vivere; proprio come un uomo trovandosi nelle lande selvagge modella la propria vita intorno alle loro condizioni primitive, allo stesso modo si adatta alle regole, ai regolamenti, ai controlli, alle confische e agli interventi imposti dal potere politico. Se queste limitazioni sulle sue aspirazioni vengono rese legali, in modo che il suo "stile di vita" raggiunga una parvenza di stabilità, ben presto perderà coscienza di tali limitazioni; ciò di cui poteva risentirsi all'inizio, non solo viene accettato ma addirittura difeso. Tale è la natura dell'essere umano che il suo adattamento all'ambiente non è confinato solo alla sfera fisica; deve includere un'accettazione consapevole, una giustificazione, un supporto morale. Non può vivere tranquillamente senza dare la sua benedizione alle condizioni sotto

1 Nella tradizione economica classica era sempre la classe debitrice a chiedere denaro "a buon mercato". Ora scopriamo che anche l'industriale e, a volte, la folla nel mercato finanziario guardano con favore una cosiddetta inflazione "controllata". Val la pena di approfondire questo fenomeno.

le quali vive. La sua competenza con le parole aiuta il processo di adattamento; con le parole egli sviluppa un'ideologia che soddisfa la sua mente riguardo la correttezza e la rettitudine del suo "modo di vivere". Questo è l'alleato segreto dello Stato - l'inclinazione dell'essere umano ad adorare condizioni che gli sono state imposte e sotto le quali ha trovato un comodo adattamento. La macchina statale della propaganda, mediante una continua reiterazione, trasforma le frasi ideologiche in una liturgia; la burocrazia, che rende legale il tanto amato "modo di vivere", acquisisce la gloria di un sacerdozio; le infrastrutture statali, anche le prigioni, vengono rivestite di un'aura divina; il formalismo statale diventa un rituale, le sue affermazioni un oracolo. Solo il teorico, l'economista e lo storico si preoccupano delle conseguenze di lungo termine degli interventi dello Stato. Nel frattempo uno deve vivere, e quindi nel frattempo "lunga vita al re".

In queste circostanze, chi si preoccupa per il lungo termine, il profeta che insiste sui principi fondamentali e sulle conseguenze che la loro violazione alla fine comporterà, è uno spacciatore d'irrealtà e un disturbatore indesiderato dell'adattamento. La sua stravaganza e le sue profezie potranno essere ricordate quando alla fine i suoi presagi si trasformano in realtà. Cioè, quando le limitazioni si moltiplicano al punto in cui l'adattamento lascia poco spazio per vivere, quando un'esistenza miserabile è l'unica cosa che si può ottenere attraverso i propri sforzi. È in questo momento che l'istinto primordiale per la libertà sostituisce progressivamente l'istinto alla quieta sopravvivenza e non rimane altro da fare che spezzare le catene dello Stato. Ma tutto questo, per il presente, appartiene al regno irrealistico del lungo termine.

L'istinto per la libertà, il desiderio di poter esprimere sé stessi senza ostacoli, è l'essenza di cui è fatta l'utopia. Se non fosse per questo elemento imperscrutabile, l'essere umano non si farebbe coinvolgere negli affari politici e la sua storia sarebbe uguale alla storia della giungla. L'essere umano, in quanto produttore, deve avere libertà; mentre l'essere umano, in quanto predatore, pone limiti alla libertà, e questa dicotomia intrinseca è la trama della storia della sua vita. La sua ricerca per una "buona Società" è la sua ricerca per un epilogo. Che sia nella natura delle cose o meno che la lotta debba andare avanti all'infinito, egli non può fare a meno di provare a fabbricare un lieto fine. E ciò che segue da qui non è altro che l'ennesimo tentativo di provare a fare proprio questo.

L'ingrediente principale in qualsiasi formula per la "buona Società" deve essere un'azione preventiva. Come può la Società proteggersi contro la tendenza del potere politico ad invadere e liquidare il potere sociale? Questo è stato il problema continuo delle integrazioni sociali, e la sola soluzione prodotta dall'ingegno umano sono state la sorveglianza e il controllo. La Società deve restare sempre all'erta e, quando necessario, mettere le sue mani sul potere politico.

In pratica, la sorveglianza e la supervisione prendono la forma del costituzionalismo, o di limitazioni scritte al potere politico, mentre al suffragio popolare viene dato il compito di farle rispettare. Tuttavia l'esperienza mostra che le costituzioni e il suffragio riescono soltanto a ritardare, e non impediscono, l'espansione del potere politico; di fronte alla promessa di un vantaggio immeritato, gli esseri umani possono mettersi nelle sue grinfie con i propri stessi voti, e le costituzioni non sono scritte con l'inchiostro indelebile della legge naturale. La fallibilità del costituzionalismo deriva dal fatto che man mano che il potere politico estende la sua area operativa, è in grado di mettere un gruppo contro l'altro, facendo appello alle loro cupidigie, e sotto la copertura di tali conflitti intra-sociali (lotta di classe) la sua tendenza intrinseca ad espandersi rompe le maglie dei vincoli costituzionali. Inoltre la produzione, e non la sorveglianza e la supervisione del potere politico, è il primo pensiero della Società, e questa preoccupazione secondaria è probabile che venga trascurata; in particolare quando quelli che esercitano il potere si trovano oltre la portata di coloro sui quali viene esercitato. Pertanto la sorveglianza e la supervisione sono un vincolo efficace solo quando la politica occupa ancora un campo ristretto, talmente ristretto che il personale politico non può scappare alle pressioni sociali. Cioè, il tipo di Governo che troviamo in un municipio comunale. Stiamo parlando dell'unità politica, non di quella economica. La grandezza dell'unità economica è sempre determinata dal raggio degli scambi, ed è sempre regolata dal senso umano del valore. Compratore e venditore, nonostante la loro distanza, sia in termini spaziali che culturali, diventano membri del mercato attraverso lo scambio. Il mercato si autoregola, operando sotto leggi che si impongono senza una classe dirigente ed emanando le proprie sanzioni; è un meccanismo che funziona senza l'uso del potere politico e la cui efficienza può solo essere abbassata dall'introduzione di questo potere. Sarà tanto grande quanto vogliono i clienti ed i venditori. Senza l'interferenza politica potrebbe essere mondiale.

La cosa migliore che possa fare il potere politico innanzitutto è di prevenire il furto (inclusa la violazione dei contratti), e questo può farlo solo punendo il ladro dopo che ha commesso l'atto, con la speranza che tale punizione scoraggerà la ripetizione o l'emulazione. Anche in questa funzione è meno efficace rispetto alle sanzioni sociali; esilio dal mercato di una comunità incapace o non disposta a tenere la sua casa in ordine, o di un individuo che si fa una reputazione negativa, è una punizione sufficiente. Se è nell'interesse economico di una qualsiasi unità politica conservare relazioni di polizia con le altre comunità, possono essere stabiliti dei collegamenti attraverso dei rappresentanti, ma i poteri e le funzioni di questi devono essere mantenuti entro la portata dei loro datori di lavoro, l'assemblea comunale locale. Il potere politico sarà considerato anti-sociale solo quando coloro a cui viene affidato agiscono come se fossero i mandanti, e non gli agenti. Il mezzo attraverso il quale la persona politica - il re o il funzionario politico eletto - acquisisce una levatura indipendente, è il potere di appropriarsi della proprietà. Senza l'appropriazione non ci può essere uno Stato, ed il potere dello Stato è proporzionale alla quantità di proprietà di cui si appropria. Invece il potere sociale è misurabile dalla quantità di proprietà che il singolo produttore è in grado di conservare e di cui può disporre come crede sia più giusto. La differenza tra una Società libera ed una asservita è rappresentata dalla percentuale di proprietà che lo Stato incamera. Tutte le tasse sono prelievi obbligatori - la cosiddetta "tassazione volontaria" è una contraddizione in termini - ed il problema che la Società deve affrontare, se vuole conservare la sua libertà, è se trattenere un simile potere di obbligare nelle sue mani, sotto stretta sorveglianza, o se trasferirlo a degli agenti politici. Trasferirlo significa cedere il potere sociale e permettere l'ingrandimento di quello politico, o il deterioramento del Governo passivo in Stato attivo. Quindi, la salvaguardia della "buona società", o il mezzo con cui può essere raggiunta, è il costante e rigoroso esame di ogni proposta di tassazione, e l'attenta supervisione del pagamento delle imposte. Ma soprattutto il politico non deve mai avere carta bianca sull'imposizione delle tasse: ogni proposta erariale deve essere presa in considerazione per i suoi meriti, come imposta temporanea intesa per uno scopo specifico, come farebbe un individuo nella gestione dei propri affari. Quindi se deve essere costruita una strada, il costo dovrebbe essere sostenuto da una tassa che verrà meno quando la strada sarà terminata; se viene imposta una guerra, il potere di tassazione dovrebbe venire meno al termine della guerra stessa. L'ideale di una "buona Società" è l'abolizione di tutte le tasse, ma ciò presuppone l'esistenza di un essere umano "perfetto" e di una comprensione generale di come la spesa pubblica vada a pesare sulla produzione; finché non arriverà questo tempo, semmai arriverà, il meglio che la Società può fare per proteggersi è guardare con sospetto qualsiasi tipo di tassazione.

La proposta di mantenere il potere politico decentralizzato in modo che non possa sottrarsi alla vigilanza del potere sociale, si regge sul presupposto che il valore più alto nella gerarchia dell'uomo è la libertà. Ma la pone davvero così in alto rispetto a tutti i suoi altri desideri? Anche rispetto a quelli più materiali? Se sì, cosa intende con libertà? La definizione che viene data più spesso è "assenza di vincoli". Il pioniere solitario aveva grande abbondanza di questo tipo di libertà, ma la trovava insufficiente; si dimostrò ben disposto a rinunciare ad una parte di essa in cambio dei maggiori guadagni derivanti dalla cooperazione con altri. Ma la cooperazione implica un obbligo: dover modellare il proprio comportamento secondo i desideri altrui, prendere in considerazione l'opinione pubblica sia per quanto riguarda la propria occupazione che per quanto riguarda la propria condotta. Quindi la libertà nella Società non significa assenza di limitazioni, ma gestire i propri affari secondo un codice di autogoverno. Il prezzo dei benefici della cooperazione è l'autocontrollo.

In particolare, l'obbligo imposto dalla libertà nella Società è il rispetto nei confronti della proprietà privata. Quando il pioniere lavorava solo per sé stesso, si preoccupava della propria proprietà solo quando un animale o un vagabondo potevano rappresentare una minaccia. Aveva tutto l'interesse a preservare le cose che aveva prodotto - grazie al suo lavoro - e teneva pronta l'arma da fuoco per proteggere il suo possesso. Ma è quando attraverso i meccanismi del mercato sono emersi l'abbondanza e l'accumulo che il concetto di diritti di proprietà ha assunto un significato importante. È stato in questo momento che l'autogoverno è stato messo alla prova. Perché? Perché l'essere umano cerca di soddisfare i suoi desideri col minimo sforzo. Aveva questa necessità quando lavorava da solo, ma il meglio che poteva fare era ideare scorciatoie primitive o strumenti che gli permettessero di risparmiare un po' di fatica. Quando l'organismo sociale cooperativo cresce intorno a lui e appare l'abbondanza, inizia a pensare che forse la soddisfazione dei desideri senza la fatica di lavorare è un obiettivo raggiungibile. La voglia di "qualcosa in cambio di niente" che qualche volta si fa strada nella sua indole, a volte supera il suo autocontrollo. A questo punto, o sul punto di raggiungerlo, la preoccupazione comune per la proprietà dà luogo a un patto tra i membri della Società; vengono imposti vincoli esterni alla necessità interna. Il Governo rappresenta l'ammissione che "l'assenza di restrizioni" è incompatibile con la libertà.

La ragione dovrebbe ricordare all'individuo che non esiste la possibilità di avere "qualcosa in cambio di niente", che si deve lavorare per potere aver in cambio delle soddisfazioni, che la condizione necessaria per l'abbondanza generale è la sicurezza della proprietà. In effetti, la ragione potrebbe metterlo sulla strada di un principio: che solo la produzione può far aumentare il livello dei salari, che l'espropriazione tende ad abbassarli. Ma, in generale, l'essere umano non sempre agisce per principio; più spesso agisce in base alla considerazione che ha del proprio profitto e della propria convenienza immediati. Sembra che la bramosia sia una guida più seguita della ragione per il comportamento umano. La storia ci fornisce molti esempi di questo fatto. Anche nell'unità sociale più piccola, la famiglia, l'impulso predatorio trova la sua espressione nella truffa dell'eredità tra Giacobbe ed Esaù, e nell'uso della frode e della forza per acquisire una proprietà senza lavorare. Se non fosse per questo elemento dominante nel comportamento umano, non avrebbe mai praticato la conquista, la schiavitù gli sarebbe del tutto sconosciuta, lnon sarebbero mai emerse delle classi di privilegiati, i monopoli non sarebbero mai esistiti e nessuno avrebbe mai pensato allo "Stato sociale". Difatti non sarebbe mai esistito uno Stato, che in fondo altro non è che un'organizzazione coercitiva fatta per trasferire la proprietà da "una tasca ad un'altra".

La libertà non è il valore più alto nella gerarchia dei valori dell'essere umano. Può cantarne le lodi, ma il suo comportamento smentisce tali proclami. Sebbene a volte, quando la moltiplicazione dei vincoli esterni rende insostenibile l'esistenza, si impegni a scrollarsi di dosso alcune catene, la biografia dell'essere umano dimostra che ha desiderio irrefrenabile di ottenere "qualcosa in cambio di niente", una incapacità o riluttanza a tenerla sotto scacco, e una disponibilità a sottomettersi alle costrizioni se gli viene promesso un bottino. Lo "Stato sociale" moderno è un esempio assai calzante; è l'organizzazione coercitiva per la confisca e la ridistribuzione della proprietà. È l'antitesi della cosiddetta "assenza di vincoli", che è la sostanza che costituisce la libertà. Nonostante questo dato di fatto, ha acquisito una reputazione umanitaria e riceve la benedizione di tutti coloro che vogliono attingere alla produzione altrui: il banchiere e l'industriale che prosperano dalle tasse che raccolgono, l'agricoltore che viene pagato per non fare il proprio lavoro, il "pasto gratis" delle madri, la schiera dei difensori dei propri privilegi speciali. È la libertà che vogliono? Difficile. Le responsabilità della libertà sono in conflitto con la legge della parsimonia.

Un'ultima parola riguardo quegli americani che hanno una propensione per il lungo periodo e sperano di "fare qualcosa a riguardo". A sostenere tale speranza è la memoria ancora verde di una Società che ha gestito i propri affari con minimi vincoli esterni. Anche se lo Stato americano ha fatto enormi progressi nello stabilire il suo dominio sulla Società americana, rimane lo stesso in guerra con il folklore della libertà e potrebbe essere possibile arginare il progresso dello Stato invocando questa tradizione. Dopo tutto, questo è un Paese ancora giovane; le sue origini sono ancora fresche nei nostri ricordi, gli individui di oggi riescono a riportare alla mente il modo in cui lo Stato ha raggiunto la sua posizione attuale. Se si potesse riportare alla luce l'entusiasmo per la libertà delle origini, potrebbe essere possibile limitare il potere politico prima che possa inghiottire completamente il potere sociale. Val la pena di provare. Tanto per cominciare, nella nostra tradizione si trova la dottrina dei diritti degli Stati. È una dottrina volta al decentramento, intesa a contenere il potere politico. Sebbene essa sia stata raramente invocata dalla nascita degli Stati Uniti, e solo per scopi pretestuosi e temporanei, l'idea originale di sorvegliare e tenere sotto controllo il potere politico è davvero potente. È nell'interesse dell'establishment politico dei vari Stati evitare d'essere inghiottito dall'autorità centrale, così come accadeva in passato quando i capi tribù locali tenevano d'occhio il potere crescente del re. Se potesse ravvivare questa preoccupazione per l'autonomia locale, il sostegno per la libertà potrebbe non essere perso per sempre. La spinta verso la centralizzazione è iniziata ben prima che lo Stato americano acquisisse il potere di tassare i redditi, ma questo strumento ha fornito i mezzi per ridurre gli Stati a mere suddivisioni amministrative; ha fornito all'autorità centrale il mezzo fondamentale per comprare la subordinazione delle autorità locali. Di conseguenza non può essere fatto niente per ripristinare l'equilibrio tra i due, a meno che non venga abolito il Sedicesimo Emendamento. Ma mentre questo scopo politico necessiterebbe della sua abolizione, c'è una ragione ancora più importante che la richiede: il potere di tassare i redditi viola il diritto di proprietà, che è alla base del sacro diritto "alla vita, alla libertà e alla felicità". È sciocco parlare di libertà fintanto che lo Stato può allungare le sue mani sui proventi dei produttori, fin tanto che l'individuo non abbia garantita la prerogativa di poter possedere, godere e disporre di ciò che produce, il suo status non è affatto quello di un essere umano libero; più gli viene sottratto, più si avvicina ad essere uno schiavo. È interessante notare che il Sedicesimo emendamento non pone limiti alla quantità che lo Stato può confiscare.

Pertanto, se il progresso dello Stato americano nella sottomissione della Società americana deve essere fermato, bisogna abolire il suo potere di tassare i redditi. Ma ciò potrà accadere solo se nella scala dei valori dell'essere umano "l'assenza di restrizioni" avrà la precedenza sull'ottenere "qualcosa in cambio di niente". Il desiderio di libertà non può che precedere la libertà stessa.

Note sull'autore

Frank Chodorov

Frank Chodorov (New York, 15 febbraio 1887 – 28 dicembre 1966) è stato un politologo e saggista statunitense, membro della Old Right (Vecchia destra), un gruppo di ideologi libertari, miniarchici, contrari ad ogni politica estera interventista, anti-imperialisti, e successivamente, oppositori del New Deal.

Nel novembre del 1944, Chodorov fondò un mensile chiamato "Analysis", che descriveva come "una pubblicazione individualista - l'unica di questo tipo in America". Dopo aver ottenuto un buon numero di abbonati, si fuse al settimanale "Human Events" nel 1951.

Nel 1953, Chodorov fondò la "Intercollegiate Society of Individualists" (ISI), con William F. Buckley, Jr. nel ruolo di presidente. Negli anni successivi l'ISI divenne estremamente autorevole, come centro di grande autorevolezza delle pubblicazioni dei conservatori, e come ritrovo per gli intellettuali conservatori d'America.

Bibliografia

The Economics of Society, Government and State (1946)
One is a Crowd: Reflections of an Individualist (1952)
The Income Tax: Root of All Evil (1952) – traduzione italiana: *L'imposta sul reddito. la radice di tutti i mali*, goWare, Leonardo Facco Editore, 2019
The Rise & Fall of Society: An Essay on the Economic Forces That Underline Social Institutions (1959)
Flight to Russia (1959)
Out of Step: The Autobiography of an Individualist (1962)
Fugitive Essays (1980)

Note sul traduttore

Francesco Simoncelli

Nato ad Arpino (FR) il 16 Maggio 1985. Fervido studente della Scuola Austriaca d'economia, ha inizialmente aperto il blog Francesco Simoncelli's Freedonia nel 2010 come approfondimento alle questioni economico/politiche analizzate secondo un'ottica Austriaca e libertaria. Dopo aver affinato le sue conoscenze frequentando i corsi della Mises Academy, ha visto pubblicati i suoi articoli anche su siti con notevole risonanza nell'ambito dell'informazione economica: Yahoo Finanza, Miglio Verde, Rischio Calcolato, Movimento Libertario, Trend Online.

Autore del libro "L'economia è un gioco da ragazzi", traduttore del libro "L'economia cristiana in una lezione", co-traduttore dei libri "The Bitcoin Standard" e "Il Fallimento dell'Economia Keynesiana", è stato varie volte relatore in conferenze e ospite in trasmissioni radiofoniche.

Nel 2012 partecipa alla fondazione dell'Associazione Von Mises Italia di cui è responsabile editoriale.

Dal 2018 è community manager per il progetto Melis Wallet e nello stesso anno è entrato a far parte del Comitato Scientifico della Bcademy.

Dal 2013 al 2016 ha collaborato col magazine online The Fielder, per cui ha scritto articoli di economia e finanza nonché saggi accademici d'approfondimento.

Sito web: francescosimoncelli.com
email: fsimoncelli85@gmail.com

Made in the USA
Monee, IL
08 November 2026

67967619R00100